爱立方
Love cubic

育儿智慧分享者

微信扫描以上二维码，或者搜索"爱立方家教育儿"

公众号即可加入"爱立方家教俱乐部"，阅读精彩内容：

如何跟孩子说"不"

胡玲美/著

57 个从容妙招教出孩子正确的生活态度

北京理工大学出版社
BEIJING INSTITUTE OF TECHNOLOGY PRESS

图书在版编目（CIP）数据

如何跟孩子说"不"：57个从容妙招教出孩子正确的生活态度 / 胡玲美著. — 北京：北京理工大学出版社，2016.12
ISBN 978-7-5682-1983-9

Ⅰ.①如… Ⅱ.①胡… Ⅲ.①家庭教育 Ⅳ.①G78

中国版本图书馆CIP数据核字（2016）第047302号

　项目合作：锐拓传媒copyright@rightol.com
著作权合同登记号 图字：01-2015-8567

出版发行 / 北京理工大学出版社有限责任公司
社　　址 / 北京市海淀区中关村南大街5号
邮　　编 / 100081
电　　话 / （010）68914775（总编室）
　　　　　（010）82562903（教材售后服务热线）
　　　　　（010）68948351（其他图书服务热线）
网　　址 / http://www.bitpress.com.cn
经　　销 / 全国各地新华书店
印　　刷 / 三河市九洲财鑫印刷有限公司
开　　本 / 700毫米×1000毫米　1/16
印　　张 / 12.25　　　　　　　　　　　　　　　　　责任编辑 / 李慧智
字　　数 / 138千字　　　　　　　　　　　　　　　　文案编辑 / 李慧智
版　　次 / 2016年12月第1版　2016年12月第1次印刷　责任校对 / 周瑞红
定　　价 / 30.00元　　　　　　　　　　　　　　　　责任印制 / 边心超

目录

contents

contents

contents

contents

父母懂得说"不"，孩子才能懂分寸

在小学任教多年来，我一直担任级任老师，也经常带领资优班学生，不但与小朋友相处的时间比较多，与家长们也有较密切的接触，有机会观察到现代父母对孩子的教养心态。

在我接触的家长当中，百分之九十五以上的父母，对于孩子的"成绩表现"都非常在意，为了让孩子在学业上有突出的表现，希望日后成为优秀、成功的人物，都不吝惜对孩子付出财力与时间。由此，就不难想象绝大多数的父母应该也都是如此吧！

在父母"只求好成绩，其余都不管"的态度下，我们发现，在精神上无法"断奶"的妈宝型孩子有越来越多的趋势，亲子关系的问题也因而变得越来越复杂。父母一味地要求孩子努力读书，取得好成绩，但对于层出不穷的亲子问题，以及奠定孩子未来成功基石的品格与态度问题，却经常感到束手无策。就我个人的经验，我觉得父母们也许得重新思考教养的问题。

"好成绩"并不是人生唯一的价值，也不能保证孩子一辈子平稳或功成名就；而正确的生活态度、一辈子的好习惯、自立的能力，以及敢于挑战困难的勇气等，却是孩子追求"真正成功"的道路上不可或缺的要素，它们比"好成绩"更能决定孩子的美好未来。

亲子关系就有如一场陷入僵局的苦战。当一方发动攻击时，另一方就顽强抵抗；当一方败退时，另一方就发动更凶猛的攻击。这样的亲子关系，让孩子在无意识中，能够很敏锐地观察到父母的教养心态，于是懂得趁势而为，有时候威胁父母，有时候又拼命地撒娇，甚至只要父母对他们有一点点疏忽，他们便毫不留情地反击。

现在的孩子在生活上不懂分寸，往往是因为父母为求达到"功课好"的目标，对孩子过度保护与宠爱所造成的。为了让孩子懂分寸、有正确的生活态度，父母首先要改掉自己要求"好成绩"的心态，同时在管教孩子的时候，得做到切断和孩子之间过度紧密的联结才行。不论孩子的年纪多么幼小，都要把他视为一个人格独立的人，如此才能养育出懂分寸的孩子。

本书所诉求的教养方式，并不是主张精神或理想的说教方式，而是和孩子玩一场心理战术。父母不必嘶吼、暴怒地逼迫孩子就范；只要掌握孩子的心理，就可以不费吹灰之力地轻松搞定孩子。通过本书所提供的教养方法，你不会教出一个难以伺候的"小皇帝"，也不会养出一个无法融入现实社会的"妈宝儿"。

父母要懂得说"不"，才能让他学会自立、乐于接受挑战，也才能让他在展翅高飞时，可以飞得又高又稳。

第一章

懂得说『不』，才能让他学会正确的生活态度

从容妙招 1

孩子要求"和大家一样"时，
淡定回答"不是每个人都那样"

"我的朋友都这样啊！"

"大家都是这样做的啊！"

这是孩子想要得到某种物品或者反驳某件事情时，最常用来说服父母的说辞。

例如，当看到孩子吃饭、喝汤时发出响声，一边吃饭一边讲话，用餐时把手肘放在餐桌上等不雅观行为时，父母会指责孩子："这样很不雅观！""这样很难看！""这是没有礼貌的！"这时，孩子很可能就会反驳说："大家都这样啊！"

或者，当想要拥有某样玩具时，绝大多数孩子的理由都是："因为我的同学和朋友都有，只有我没有啊！我也想要有一个！"

听到孩子拿这样的借口向你要求某样东西时，你可以淡定地回答他："可是你有很多同学和朋友都没有啊！"

当孩子说"我的同学和朋友都有"时，他脑中所想到的是那些每天和他玩在一起的同学或朋友，可能就只是一个或两个孩子而已。由于他整个心思已被强烈的目标所吸引，因此无法冷静地思考，并以客观的态度去看所有的小朋友。

其实，这种心理状态也经常出现在大人的身上。当人们一心一意想要获得某样东西时，他就会出现"视野狭窄症状"，眼里就只看到拥有那样东西的一小部分人，而看不到全世界的人。要改变这种状况的方法，就是反驳他的话，突破他的狭窄视野。

"大家都这样"，是孩子向父母索求东西时的不败战术。至于孩子为什么会有这种狭窄视野的心理状态呢？这是因为他在无意中发现了，父母都不希望自己的孩子因为"输人""比不过别人"而产生自卑感，因此当父母听到孩子说"我的同学、朋友都这样"时，就会对孩子有求必应。

◎解决父母的自卑心态，
孩子就不会处处想要和别人比较

要拒绝孩子这种借口之前，父母必须先解决自己的自卑心态，不要觉得孩子得不到他想要的东西，就会"输人""比不过别人"，如此你才不会被孩子牵着鼻子走。

当孩子对你使用"我的朋友都是这样""大家都这样"的战术时，你就可以顺势采取同样的战术回应他说："可是，你还有很多朋友不是这样啊！""并不是大家都这样啊！"如此，你就可以不费力气、不必动怒地立刻打消孩子的念头。

其实，这些回应并不是只对孩子说而已，也是父母对自己说的话。这些话同时帮孩子和父母解脱了"比较""自卑"的魔咒。

从容妙招 2

孩子不喜欢独睡，不要哄骗或强迫他

在我们的社会里，学龄前的孩子与父母同睡的现象是很常见的。但也正因如此，当父母在深夜十一二点才睡觉时，孩子常常也跟着晚睡，以至健康与发育都受到了影响。虽然父母并不乐见这种情形，但有些父母认为，是因为孩子不喜欢或不敢一个人睡觉，所以才不得不如此。

反观西方国家的父母，对于孩子独睡的态度与我们完全不同。他们白天尽心照顾孩子的生活起居、陪伴孩子游戏，但到了晚上，则会让孩子睡到他自己的床上，而且夜里也不会因为担心而不时地起床察看、照顾孩子。

养成孩子独睡习惯的好处有许多。例如，孩子和父母都可以拥有较好的睡眠质量、减少疾病相互传染、培养孩子独立的个性。

虽然如此，但对年幼的孩子来说，学习自己一个人睡觉的确是不小的挑战。他一方面想要表现自己的勇敢与独立，但同时又感到有些害怕和恐惧。因此，当孩子拒绝一个人上床睡觉时，父母不需要哄骗或劝诱他爬上自己的床，而要找到孩子不上床睡觉的原因来解决问题。

◎给孩子足够的爱与安全感，自然可解决独睡的问题

孩子喜欢和父母同眠的最主要原因，是为了获得安全感。大多数的孩子内心都存在着恐惧感，害怕黑暗、孤独以及想象中的可怕的人和事物。尤其，当夜里父母不在身边时，这种恐惧感更为强烈，使得他们不愿或不敢自己一个人睡觉。这个时候，如果父母突然阻断孩子的需求，无疑是进一步激发孩子内心的害怕。

有些父母为了培养孩子独自睡觉的习惯，会完全忽略他的心理感受，并对他采取严厉的手段，如此反而让孩子误以为父母不爱自己，以致更不愿意自己睡觉。相对的，若是父母在日常生活中，能够给孩子足够的关爱，让他感受到温暖与安全感，他便能安适自在地一个人睡觉。

如果孩子只是闹情绪不肯自己上床睡觉，那么就直接命令他，并看着他爬上自己的床上躺好、闭上眼睛。但孩子若是因为恐惧、害怕而不敢独自睡觉，那么父母可能就得花些时间陪伴他，放松他紧张的情绪。

　　当孩子因缺乏安全感而抗拒独睡时，父母可以通过"睡前仪式"来放松孩子的情绪。例如，在孩子睡前讲一篇他最喜欢的故事给他听，陪他一起听听音乐、唱唱歌，或者让他在床上玩一下他喜欢的玩具，直到他的情绪平静下来时，再要求他闭上眼睛，但父母仍需要陪伴直到他入睡后才离开。

从容妙招 3

无法拒绝孩子的要求时，不要立刻满足他

现在的孩子由于要求可以轻易获得满足，使得他们容易对事物产生喜新厌旧的心态。一开始会因为新鲜感或流行而对某个玩具非常热衷，但玩了几次，就把它弃置一旁不再理睬。而这样的行为，也常常令花钱买玩具的父母觉得穷于应付，更担心孩子会养成浪费、不懂珍惜的坏习惯。

造成这种状况的原因有许多，而最重要的原因是——父母太快满足孩子的欲求，对孩子的要求有求必应。

就心理学的角度看来，在经过长久的等待，终于得到渴望拥有的东西时的那种满足感，与欲望立刻被实现的满足感，两者之间是有天壤之别的。例如，当孩子向你要求某个玩具时，你由于受不了孩子的纠缠哭闹，便立刻为他购买该玩具。这种情况下，孩子便不会有强烈的满足感，也就不会有想要珍惜该件玩具的心理。当然，你也无法借此机会，培养他"耐心"与"珍惜物资"的好习惯。

◎让孩子因为"得来不易"而珍惜

为了培养孩子"等待"与"珍惜"的好习惯，当孩子提出要求时，不要立刻满足他的欲望，而要让他等待至少一个星期以上的时间，如此才会让他有"得来不易"的感觉。你可以这样对孩子说：

● 等到你把《三字经》都背熟后再买。

● 等到下个月爸爸发薪水时再买。

● 等到你生日时再买。

● 等到圣诞节时再买。

这样的等待有时候会长达一个月或两个月的时间。但时间一到，你就必须依照承诺，带他去购买他要求的东西，或让他去做他想做的事。如此，孩子就会对耐心等的东西特别珍惜。也或者，在漫长的等待过程中，他会发自己的热情已经消失了，不再坚持自己的要求。

棒球明星王贞治曾经提到小时候一段非常难忘的事情。一天，他向妈妈要求买一个电动火车，妈妈并没有立刻买给他，而是在一个月后再悄悄地把这个礼物交给他。至今，他仍然清楚记得，当他收到那件礼物时，心中那股言语无法形容的喜悦感，以及妈妈关怀的神情。

　　从心理学的角度，再想想王贞治的例子，父母就可以了解，想要培养孩子"耐心"与"珍惜"的好习惯，就必须和孩子展开一场心理战——当无法拒绝孩子的要求时，不要立刻满足他，而要让他等待一段时间。

从容妙招 4

说"不"时，要理由清楚且态度坚定

在诸如百货公司、卖场、玩具店等公共场所里，我们经常会看到年幼的孩子大哭大吵，要求妈妈帮他买玩具或零食，而妈妈总是为这种情况感到极为困窘。

若是立刻满足孩子的要求，只怕会养成孩子利用这种闹剧对妈妈予取予求的习惯；但若没有立刻满足孩子的要求，孩子呼天抢地的哭闹声就会引来人们的侧目与旁观，即使周遭的人们能够体谅，妈妈也会因为打扰到其他人愉快购物的心情而感到愧疚，同时又为了找不到管教孩子的有效方法而生气。

令人感到遗憾的是，在这种情况下，大部分的妈妈都很难找到圆满的解决方法。为了坚持自己的教养原则，而一直拒绝孩子要求的妈妈，眼见孩子的哭闹越来越夸张时会倍感无奈，但随着越来越多人们投来异样的眼光后，她不得不顺从孩子的欲望。就在这种反复的坚持与顺从的恶性循环下，渐渐地，孩子抓到了控制妈妈、让妈妈对他有求必应的诀窍。于是，他变得越来越贪心，要求越来越多，也让妈妈越感到难以处理这个棘手的问题。

◎随便编造理由拒绝孩子，会失去孩子的信任感

专家们总是大力地提倡，不要在别人的面前管教孩子，以免伤了孩子的自尊心。于是，父母因为顾虑旁人的批评眼光，也为了顾及孩子的颜面，便想办法以最快的方式让孩子安静下来。这个办法可能是：告诉孩子不管他如何哭闹都没有用；或者把孩子带到僻静的地方，好好地训诫他一番，并拒绝他的要求。

但是，以长远的眼光来看，这两种拒绝的方式都无法让孩子学会"理解"，反而只是感觉到没有理由地被拒绝，并因此让他对父母的管教标准产生更大的怀疑。

不管是不是在公共场所，父母在拒绝孩子时，绝对不可以不加思索的便对孩子说"不"。例如，我们在乘坐地铁时，有时会看到这样的情景：

有个孩子突然向妈妈要求："我要吃饼干！"

妈妈断然地拒绝说："没有饼干！"

但是孩子并不会因此就罢休，反而拉高嗓门嚷着："我要吃！我

要吃！"

妈妈依然态度坚决地说："不是告诉过你了吗？没有饼干！"

然后母子就这样无止境地反复纠缠下去，一直到孩子放声大哭，此时，刚刚说没有饼干的妈妈才不得已的从包包中拿出饼干。

就在妈妈从包包里拿出饼干的那一刻，她先前坚持"没有饼干"的说法，已经完全丧失信服力了。

◎说"不"并不表示必须拒绝孩子的要求，
   只是把满足他的时间延后

其实，当你为了拒绝孩子而随便编造理由或说谎时，孩子通常能够直觉地感觉到你在敷衍他。所以，千万不要随便说谎来安抚孩子，而应该向他解释："地铁公司有规定，不可以在车厢里吃东西，不然要罚很多钱的。我们等到下车以后再吃吧！"如此充足的理由，可以让孩子不再吵闹，同时他也会因此而学会忍耐，更会相信当父母说"不"时，一定有他们的理由。

下次，孩子在商店突然要求你帮他买某件东西时，不要对他说：

● "不准！"
● "我没有钱！"

不妨试试这样和孩子商量：

● "我先问问爸爸的意思，如果他答应的话，我就买给你。"
● "我们说好的，一个月只能买一个玩具，不遵守这个规定的话就变成半年买一次。你如果现在一定要买的话，未来五个月就都不能再买玩具了哦！"

● "你真的这么喜欢那个玩具的话，就把它放在你的愿望清单里。等你表现很好时，我们再来买。"

● "你可以把你的零用钱存下来，等存够了就来买！"

从容妙招 5

妈妈不忍拒绝时，就让爸爸来扮黑脸

在一般的家庭里，父亲的立场都比较特殊，他不但是权威形象的化身，同时也扮演着家庭中的"黑脸"角色。有很多父亲更因为平日忙于工作，没有时间陪伴孩子，因此只要有机会，便会拼命地讨好孩子，以补偿内心对孩子的亏欠感。

像这样的父亲角色，在孩子的心中，父亲的形象是严肃、疏离、难以捉摸的。然而在教养孩子时，这样的形象却经常可以弥补母亲在管教上的不足之处。

妈妈因为每天照顾孩子的生活起居，陪伴孩子读书、游戏，与孩子的关系自然非常亲密。因此，当孩子任性地要求某样东西时，妈妈通常会不忍拒绝，而且多半会满足孩子的期待。这种宠爱、姑息的教养方法，让孩子在不知不觉中养成了予取予求的心态，最后变成一个想要什么就一定要得到的"小皇帝"。

大多数的家庭都只有一个或两个孩子。这对妈妈而言，她们教养孩子的态度已经不是训诫、责备、拒绝，而是一种对孩子近乎溺爱的态度。因此，一旦与孩子之间出现冲突时，为了不忍心看孩子失望、沮丧，往往会不自觉地接受孩子的任性或胡闹行为。

这个时候，爸爸经常可以有效地扛起关键性的管教责任。如果他在这个时候对孩子断然地表示拒绝，那么已经无计可施的妈妈，正好可以利用丈夫的权威形象，顺利地控制已经快要无法无天的小皇帝。

◎父亲的"可怕大人"的形象，是小皇帝的最强克星

确实，父亲严肃的鲜明形象与母亲完全不同。在孩子的心里，父亲是较少陪伴、比较冷漠、晚上回到家里时，还会将职场上的严肃气氛带回家里的人，他是一种"可怕大人"的化身，所以不会对他产生依赖感。而就是这样负面的父亲形象，正好能够在关键时刻，适时地发挥管教效果。

在管教的心理战术中，"可怕大人"的管教方式，具有"命中要害"的效果。所以，父亲不应该以工作忙碌为理由，让管教孩子的责任全落在妻子的身上，因为有时父亲的一句话，胜过母亲与孩子纠缠一整天。因此，在教养工作上，父亲应该适时扮演严酷的"黑脸"才行。如此，当孩子有任性的要求时，看到父亲开口拒绝，就会认为自己的要求

不可能实现，也就断了纠缠的念头。

　　"可怕大人"形象的父亲并不是不爱孩子，有些甚至溺爱孩子。但他们在管教孩子时考虑周到，平时并不会过度干涉孩子，也不会介入妈妈对孩子的管教。也许就是这样的原因，使得他们对于孩子深具影响力。

从容妙招 6

让孩子不哭时，要听听他的要求

某次，在家庭访问的过程中，我才坐下来不到三分钟，便听到小伟和他妹妹的争吵声，接着，吵输了的妹妹哭着从房里走出来。正在和家长谈笑中的我，原本以为会听到妈妈或爸爸喝令妹妹"不准哭！"或者责备小伟"你是怎么当哥哥的！"

令我感到意外的是，妈妈先向我点头致意了一下，便把妹妹拉到自己的身边坐下，说："告诉我发生什么事了？"妹妹一边哭一边叙述吵架原因，还告状似的数落哥哥的不是，然后在抱怨声中，她的哭声渐渐停了下来。

从头到尾，妈妈都没有试着要调节兄妹两人的纠纷，也没有责备或处罚任何一个孩子。但是，一会儿后，这两个兄妹又高兴地玩在一起，好像刚才的吵架根本没有发生过一样。

当孩子的要求不能得到满足时，或者遇到问题无法解决时，通常会以"哭"来表达抗议或寻求协助。这时，若父母以"不准哭！""就算哭断肠了也没用！"等方式来禁止孩子哭泣，其实并不是很好的心理管教策略。因为，孩子在要求得不到满足时已经很失望、伤心了，若又遭到父母的压迫，恐怕只会哭得更大声。

父母当然不该让孩子有求必应，但是在拒绝孩子的要求时，也要倾听孩子陈述原因，如此才能消除他心中的不满情绪。

◎利用"问诊"的技巧，让孩子发泄欲求不满的负面情绪

有些父母认为，在聆听孩子的要求时，可能会让孩子觉得他有机会说服父母。但是当他的期待遭到拒绝时，欲求不满的负面情绪便会在心里逐渐地加温。这时，父母就要善用"问诊""对话"的技巧，让孩子欲求不满的情绪发泄出来，便可消除他执着的心理。

"问诊"与"对话"的技巧，就是先让孩子把心中的话全部说出来。但是，在这个聆听的过程中，父母不要做出任何的诊断，只需单纯的聆听。

而在这阶段中，医生通常不会做任何的诊断，只是先聆听对方说话。因为，这个时候孩子所需要的，并不是父母的意见或判断，而是让他可以把心中的要求和不满的情绪发泄出来。

为了让孩子说出心中的话，父母应该对他所说的内容表达高度兴

趣，甚至对他的困扰提出问题，如此，他的情绪往往会很奇妙地逐渐冷静下来。一旦孩子欲求不满的负面情绪消失，他便能够客观地传达自己的想法并审视自己。

即使孩子无法做到客观地传达与自我审视，但他的负面情绪会因此而得到发泄，心情恢复平静，即使要求被父母拒绝了，他的心里也不会有疙瘩在，同时也明白，哭闹未必能够得逞。

从容妙招 7

对孩子说："你不哭了，我才要听你说！"

"哭"是孩子最擅长的战术，而且大部分时候都能获得预期的效果。孩子的眼泪，是最容易击溃父母的武器。正因为绝大多数的父母都会不忍心听到孩子的哭声，于是，当孩子对父母有所要求，或者坚持其任性的行为时，便学会了巧妙地利用哭声来达到其目的。

很多父母害怕孩子哭泣的最主要原因，就是误以为孩子哭泣是因为难过或痛苦，然而事实并非全然如此。其实，孩子遇到难过或痛苦的事情时，未必都会哭。

最明显的例子就是刚学走路的孩子。由于还不是很会走路，常常一个步伐不稳或踢到什么东西，就立刻跌倒。这个时候，有些孩子会立刻号啕大哭；有些孩子不会哭，并且努力地站起来，但一看到父母的刹那，泪水便马上夺眶而出；还有些孩子则是毫无感觉地站起来，继续往前走。

由此可知，孩子哭泣掉泪并不全是因为失望、难过或痛苦。更多的时候，哭泣与泪水是为了要对父母撒娇吧！

我小时候很爱哭，但有天下午在庭院里和同伴玩游戏时，不小心踩到一根生锈的钉子，钉子直直地刺穿过我的脚掌，当时由于父母都不在家，于是我便坐在骑楼下等妈妈。在等待的那一个小时左右，一向爱哭的我一滴眼泪都没有掉，直到傍晚看到妈妈从田里回来，紧张的帮我拔出钉子，带我去看医生时，我才因为感觉到有个安全的怀抱可依靠而大声哭出来。虽然后来被妈妈狠狠地训诫了一顿，但那却是一次很放松又发泄的哭泣。

那件意外让我体会到，平常爱哭其实只是向妈妈撒娇的一种表现吧！在无人可依靠时，或在无法撒娇的他人面前，就算是疼痛也不会哭出来。

◎把"哭"和"要求"分开，
　　别让孩子利用哭来满足他的要求

看到孩子哭泣时，就露出不舍的神情对他说"好可怜哦"的父母，可以说是大错特错了，因为孩子可能只是想撒娇，或者拿哭泣当成达到目标的手段。因此，当孩子边哭边向你诉说的时候，你不必为了要让孩子停止哭泣而想尽办法哄他。

要避免孩子凡事以哭泣来解决问题，最有效的方法就是把"哭"和"要求"分开，别让他觉得任何不如意或者要求，都可以依靠"哭"来解决。

孩子"哭"的时候，不要听他的"要求"，等到他不哭时才聆听。如此，孩子才会明白他要以何种方式或态度提出要求。父母应该把孩子的"哭泣"视为撒娇的行为，但拒绝他以这种方式满足要求；同时，也要听听孩子的诉求，并以理性的态度来对应，才能让孩子学会正确的"要求"态度。

从容妙招 8

就算只是"玩棋"，也要教孩子"举手无悔"

很多游戏都具有促进孩子智力发育的效用，尤其是以具有胜负性、要求专注、思考与判断的棋艺游戏，包括围棋、象棋、国际象棋。它们可以是竞赛，也可以是游戏，但即使只是游戏，也必须认真地进行。它们是训练孩子脑力的绝佳游戏，同时也是管教孩子的最好手段。

"下棋"本身就是一种非常快乐的游戏，它有一定的游戏规则来决定胜负，而通过"下棋"游戏，不但可以教导孩子遵守规则，同时也可以让孩子学习最基本的社会生活原则。

在与孩子"玩棋"的过程中，孩子最常出现的状况是，他因为怕"输"，所以"悔棋"。"悔棋"其实是孩子企图逃避受到伤害的一种行为，一种包含了不安与不愉快感觉的举动，当这样的举动过于频繁时，常常会迫使游戏中断，或者翻倒棋盘的场面。

当孩子想逃避、退缩的情形发生时，父母最重要的对应态度，就是教导孩子要遵守游戏规则，绝对不允许他"悔棋"。若是父母允许孩子"悔棋"，不只违反了游戏规则，也会严重破坏游戏的乐趣，日后更会对他造成负面的影响。

也许在父母的眼里，下棋只是众多游戏之一，但对孩子而言，它却不只是游戏而已，它还是一种生活态度。允许孩子"悔棋"，将导致孩子在解决问题时，无法深思熟虑且缺乏耐心。

◎培养孩子即使后悔也不退缩的韧性，
成为有"对决能力"的人

当孩子因为不服输而翻倒棋盘时，父母最好的对应方法是，坚持孩子尽可能复原棋子原来的位置，然后要求他不论输赢都要把棋局走完。在孩子悔棋的当下，他绝对不会承认，这时父母应该要求他把棋子放回原来位子，并建议他把刚才想到的更好棋步用到下一局的游戏中。

一般的孩子不论在玩游戏或玩棋时，都会因为过于冲动而后悔。因此，父母要利用玩棋的机会，培养孩子"深思熟虑做判断"的能力，如此才能训练他即使后悔也不退缩的韧性，成为一个拥有真正"对决能力"的人。

缺乏"对决能力"的孩子，只要稍微遇到一点点危机，便会显得慌乱、手足无措，甚至可能陷入歇斯底里的状态。这样无法自立的孩子，未来无论做任何事情，都可能会因为逃避而无法在社会上生存下去。为了不让孩子陷入如此的窘境，父母就必须坚持，即使只是游戏，也绝对不允许他"悔棋"。

要改掉孩子的娇纵习性，可让他扮演照顾者的角色

现在的父母，普遍都只生一个或两个孩子，因此对孩子的照顾可谓无微不至，对于孩子的要求更是有求必应，以致养成孩子娇纵、自私的个性，只想到自己的利益，而不顾他人的死活。

对娇生惯养的孩子而言，当父母满足他的要求时，他就会表现得像个乖孩子；可是，当稍有不如意时，就会为了达到自己的要求而大哭大闹。

要改掉孩子娇纵的态度，可以让他扮演照顾者的角色，适度地承担某种责任。例如，帮忙照顾年幼的弟弟或妹妹。当他忍受不了弟弟、妹妹的无理取闹行为时，就能够体认到自己的任性行为同样也令人无法忍受与接受。

当然，父母在要求孩子扮演照顾者时，必须把游戏规则先说清楚。就是不管年幼的弟弟妹妹提出任何过分的要求都要回应；遭遇到弟弟妹妹任何娇纵、任性的行为时，也都要忍耐并想办法解决。如此一来，孩子就能够从比他幼小的孩子身上得到学习，体会到任性的行为会带给周围的人负面的感觉。当孩子慢慢地能够以比较客观的角度认清自己的娇纵习性时，父母也就不需要再向他训诫。

◎ 从小做好，改掉孩子爱欺负人的行为

喜欢欺负人，也是孩子娇纵的一种坏习惯。

我们常常会看到这样的画面：一群小朋友中，总有那么几个或其中一个孩子，莫名其妙特别喜欢欺负别的小朋友。有时候只是因为别的小朋友不小心碰到了他的桌子；或者因为讨厌某个小朋友走在他的前面；更或者没有任何原因，就是喜欢欺负某个小朋友。

为什么孩子爱欺负人、爱打人？如果你家的孩子就是这样，那么你也许应该反思一下自己的行为！是不是你凡事以孩子为中心，对孩子的要求百依百顺，而养成孩子从小自私、蛮横、跋扈的个性，使得他在与同伴互动时，喜欢恃强凌弱，不懂得体谅每个人环境的不同。

该如何扭转孩子的娇纵个性？首先，父母要改变管教原则，遇到孩子行为不正确时，绝对不要粗暴对待孩子，而要保持简单的态度，耐心对他说明理由，以提高孩子对是非的辨别能力。

尤其，在孩子第一次欺负别的小朋友后，父母要以严肃的态度，耐心地讲道理，分析他负面行为所带来的害处与所须承担的后果，使孩子体认到欺侮同伴会失去朋友，而且并不是世界上的每个人都得配合他、听他的指挥。然后，还要带孩子向被欺负的孩子道歉，让孩子学会与人相处时要彼此包容。

如果孩子屡劝不听，仍然一再欺负人，就应该给予适当的惩罚。例如，取消他喜欢的活动、没收他最喜爱的玩具等，借此扭转他任性的行为。

第二章

巧妙运用赏与罚，帮孩子养成终生的好习惯

从容妙招 10

不定期检查，可以帮孩子持续好习惯的热度

虽然大多父母的教养方式不同，但管教的最主要目的，不外乎是为了培养孩子良好的生活习惯。例如，从早上起床、上学、放学回家，一直到晚上上床睡觉前，这一整天中该做以及该注意哪些事情。

生活上的秩序与规则是培养孩子终生好习惯的基础。当孩子生活作息中都遵循着正常、简单的秩序与规则时，他的生活所需不仅能得到满足，同时会因此而养成自律与自制的好习惯。当他有能力管理自己的生活后，即使脱离了父母的照顾与保护，也可以独立自主地过生活。

但是，越轻易做到的事情，就越难坚持下去，并养成习惯，很容易就变成"三分钟热度"。一开始，父母很热衷地教导、规范孩子，孩子也很热情地学习与遵守。但是，由于每天不停地重复做着同样的事情，渐渐地，孩子会觉得没有新鲜感，甚至感到厌烦，热情消失，也就开始忽略或淡忘它们。

为什么孩子会对做任何事情都只有"三分钟热度"呢？难道这是所有孩子的共同天性？虽然这是人类心理的正常惯性，但是孩子对于事情会产生三分钟热度的现象，其实是与父母的对应的方法不恰当有关。在一开始，大部分的父母都会不厌其烦地叮咛，但是一段时日后，就懒得再提醒；偶尔突然想起时，又开始唠叨个不停。这种一下子热一下子冷的管教方式，使孩子的热度无法持续。

◎父母不懒散、忽略，孩子就会养成一辈子好习惯

"三分钟热度"并非孩子的专属，成年人也有同样的惰性。当我们任何人在一开始接到任务时，不需要人们的催促，我们通常会兴致勃勃地认真做它。

不过一段时日后，这种兴奋、紧张的感觉会逐渐冷却，自然也就懒散了下来。

可见，父母若想要孩子持续不断地把该做的事情做好，就要懂得从心理层面着手。对于已经指导或要求过的规则，就不要再每天唠叨不停地提醒孩子。但是，当孩子的热情与兴奋感逐渐冷却的时候，就要不定期地，每隔几天就检查一次，看看孩子是否有做到你的要求。

为了让孩子把好习惯，从"三分钟热度"延伸为一个星期、一个月、一年，直到一辈子，当你发现孩子开始出现怠惰情形时，就以三天

一次作为检查的基准，如此便可以将孩子的热度持续下去。当孩子能够持续较长时间后，再改为一星期一次或两星期一次，一旦孩子养成习惯后，不需要任何人提醒、唠叨与催促，他都会自动地把事情做好。

　　每天不停地、严厉地管教孩子，才是导致孩子"三分钟热度"的最大原因，这绝对称不上是一种高ＥＱ的管教方法。再者，在父母这种紧迫盯人的管教方式下，孩子通常不会很乐意完成每天的功课，或做完他负责的家事；更因为早就看穿了父母的心态，知道反正过一阵子后，父母就不会再那么严格地要求他完成规定的事情。随着父母态度的松懈，孩子最后连应该遵守的生活规则也置之不理了。

从容妙招 11

养成孩子"自己的事，自己做"的观念

有一部汽车行经一个小水坑，把脏污的泥水溅到路旁的行人身上。司机不好意思地对行人说：

"我刚才很努力地想要避开那个水坑，但是旁边车子太靠近我，害我没有办法闪过那个坑洞。把你身上弄脏了，真的很抱歉！"

听到司机这样的说辞，你是不是觉得很熟悉呢？我们似乎经常听到，自己的孩子在犯了错误时，就大声地说："都是××害的！"

年幼的孩子因为还没有社会化，所有的思考都是以自我为中心，因此无法客观地审视自己的行为是否合乎社会规范，以至于当犯了错、惹了祸而遭到父母责备时，就会搬出以下这些借口，企图逃避责任。

- "都是××害的！"
- "都是××要我那样做的！"
- "我上学迟到都是妈妈害的，因为她早上没有叫我起床！"
- "我的成绩不好都是老师教不好害的！"
- "我的功课没写完，都是妹妹害的。她一直吵我！"

当然，父母都应该知道，这样的推托之辞是不被允许的。只是，如果父母一味严厉地责备孩子，也不见得能够收到理想的效果。

经常把这类的话挂在嘴边的人，在遇到困难或失败时，通常会习惯性地把过错全推到别人的身上，而且认为自己一点也没有错！要改掉孩子这种不负责任的心态，父母应该训练、鼓励孩子，在碰到艰难的事情，要有面对它的勇气，即使失败，也要再接再厉，这样孩子日后才能成长为一个人格成熟且有智慧的人。依赖心重的孩子，更需要这样的指导，若是对他的困难、失败给予无限帮助，只会养成他更不负责任的态度，也会更依赖别人的协助！

培养孩子责任感的最重要一件事，就是先帮他建立"自己的事，自己做"的观念。像是做功课这种分内的工作，就更没有任何借口了！

◎孩子说"都是别人害我的"时，
　　你反问"他会怎么说呢？"

改变孩子习惯逃避所有责任的最重要方法是，教导他客观地理解分析所发生的问题或错误，自己应该负起多少责任，而对方又该承担多少责任。也就是说，让孩子自己去思考，虽然自己有自己的立场，但别人也有他们不同的立场。

当听到孩子说"都是小伟害我的，我没有错"时，最有效果的方法就是立即反问孩子："那么，小伟会怎么说呢？是不是也和你说的一样？"如此一来，孩子便会开始思考，对方对于这件事情会有什么说法，是不是也会说"都是小明的错……"。

只是简单的一句"那么，他会怎么说呢？"就可以改变孩子的思考立场，并发觉自己必须负起一部分的责任，同时也能体认到，将责任全部推卸给对方是不对的。

当然，有时候当全部的错都是对方的错，而你的孩子能够立刻站在对方的立场，替对方说话，那么，他所说的话就不是谎话了！但是，当在你的逼问下，孩子面对过错的反应，是立刻沉默下来，或无法好好说清楚时，就可以判断他想要逃避责任的心态。此时，你大可不必再进一步地训诫他，因为把孩子逼得无话可说，或慌张地支吾其词的情境时，就已经达到责备的效果了。

若能从孩子幼年时期，就训练他冷静分析对错与立场的话，那么，他日后势必可以成为负责任且性格坚强的人，即使在遇到了不如意的状况，也绝对不会挫折不振。

从容妙招 12

孩子说"可是……"，你说"没错，但……"

"可是小伟也这样啊！"

"可是以前你没有告诉过我不能这样做啊！"

"可是我现在去做功课的话，就看不到我最喜欢的节目了！"

"可是……"这句话，似乎是孩子把不合理的行为合理化的最佳辩解术。

这个时候，如果你完全认同他的主张，等于是为孩子打开了一条"横行无阻"的大道，你将无法管得动他；但是，若你断然拒绝，又会使孩子不服气，甚至吵闹不休；若要和他讲逻辑、道理，他也可能因为年纪太小而无法理解。

从另一个管教的角度来看，当孩子说"可是……"这句话时，父母最重要的态度是要辨别，孩子是真的想借此满足欲望或逃避责任，还是他所言真的有几分真实。不过，即便孩子所言有几分真实，父母仍然要就可能的负面结果来责备孩子。为此，父母不要认同孩子的所有说法，而要立刻引导孩子重新思考他所说的话。

◎ "认可"的动作，可以打开顽固孩子的心

孩子说"可是……"，欲正当化自己不合理的行为。

你回应："说得也是""你说的也有道理""你说的也没错"等肯定、认同的语气回应他。

接着，你继续说"但你的做法不对"的不认同说法。

虽然"说得也是""你说的也有道理""你说的也没错"这类的话，听起来很商业，根本就是一种"应酬话"，但是这种话术是种心理学技巧，不只运用在商业行为上有效，用在任何人身上，也一样能收到极佳的效果。

接受对方的一切想法，在心理学上称为"认可"。这个技巧足以令对方感觉到自己的人格受到认同与肯定，自尊获得满足，抗拒的念头逐渐消失，顽固的心渐渐打开，然后心甘情愿地打开耳朵聆听你所说的话。这时，你只要进一步引导孩子思考并自我检视，同时教导孩子："无论你的理由多么具有说服力，但坏事就是坏事，这是绝对不变的规则。"如此一来，就能让孩子完全接受你的说法，并自觉到只是一味地强调"可是……"，是无法逃避责任的。

从容妙招 13

大错要挑时机指责，小错则要当场训诫

一般说来，当孩子犯下严重的错误时，绝大部分父母都会有很大的反应。例如，孩子玩火、作弊、偷窃，这种会危及自己生命安全，或违反社会道德规范、损害他人权益的行为，父母通常会严正地训诫、处罚孩子。但当孩子犯的只是小错，父母则会认为那样的错误人人都会犯，即使是大人也不例外，因此不必过于紧张，也无须追究。

但其实，许多大错都是由小错误累积而成的。当孩子犯了小错误，却发现父母不但没有责备，还说没有关系时，孩子就会进一步地测试父母的底线。等到有一天犯下了大错，父母才义正词严地训诫、纠正时，错误的观念早已深植孩子的心里，扭曲的行为可能要极大的工夫矫正，甚至可能无法矫正。

有位中学生发生过这样一件事。某天，老师发还学生们数学考卷，这位学生看到成绩时吓了一大跳，他非常惊讶自己的成绩竟然比预期低很多。考试的时候，他只有一题不会写，早就预料那一题会得不到分数，至于其他的题目，他则是对自己的回答很有把握。

但是当他仔细看手中的考卷时，才发现自己有多么的粗心，竟然有好几道计算题的数字看错或看漏了，以至于那几个题目也都没有拿到分数。然后，他听到数学老师说："你们好好地看看自己所写的答案。我发现这次有很多同学都因为粗心而被扣了分数。有人公式是用对了，但计算的过程却错了，再不然就是该加的地方却减，该减的地方却加。这些都是不应该发生的错误！"

我想"粗心的错误"不是什么大不了的错，人人都难免会犯吧！相信大部分的父母也会如此认为。然而，如果没有当场检查的话，"粗心"的行为就会慢慢成为一种习惯，而其可怕的后果却是令人难以想象的。例如，编列预算的时候，我们可能会因为粗心，而把百亿写成十亿；开重大会议时，我们可能才惊觉自己竟然漏了准备关键的报表……

类似"粗心"的小错，都是在毫不自知的情况下所犯的错，容易使人忽略它的严重性；而犯了"大错"时，人们通常会立刻发现，或者觉得"可能有问题"，而回头一一仔细检查，并想办法把问题解决。

◎唠叨，只会扼杀了孩子好不容易萌芽的自省能力

管教的问题也是如此。与大人比较起来，年幼孩子的判断力还在发

展初期，还不具备成熟的判断力，行为上自然容易犯错。他只具有"好与坏"的判断能力，因此当他犯下大错时，即使不知道那是多么严重的错误，但心里多半也能感觉到自己"好像做错事情"了。

当这种情形发生在大人或较大年龄的孩子身上时，在察觉犯下大错的那一瞬间，他们的心里会产生反驳的心态，甚至于在人们面前当面反驳，态度上多半也会变得僵化。例如，当父母要求就读中学的孩子"要用功""用努力读书"时，所得到的回应多半是：

"知道啦！知道啦！"

"你都已经讲了几百遍了！"

"你要讲的话我都已经会背了！很烦耶！"

"听到了啦！不要那么唠叨！"

话虽如此，孩子是否因此就会认真地用功读书，那可就不一定了。有些孩子可能在被责备后，反而不高兴地跑出去玩。

年幼的孩子对父母的责备也会有类似的反应。当被父母唠唠叨叨地训诫后，他内心刚刚萌芽的自省能力顿时萎缩掉，反而会反驳父母或者变得自暴自弃，使得父母的备责与耳提面命，不但无法发挥效用，甚至起到了反效果。

所以，当孩子犯了严重错误时，不要急着当场指责他，而应该先给他时间好好地思考，然后，再找个适当的时机，问问他的心情与态度，并引导他思考问题。你可以问他，"关于那个问题，你有什么想法？"或"犯了这样的错，你是不是感到很紧张呢？"

在你的引导并给予孩子充足的时间反省与思考下，他会以不同的角度去分析问题，并检讨自己所犯下的错误。这些反省与检讨将会成为他日后的精神食粮。

相对于大错，小错就必须严守"当下确认"的原则。一旦父母发现孩子犯下小错时，就应该立刻给予纠正。由于小错容易被忽略或忘记，也因为孩子的判断力还不成熟，因此会不停地、重复地犯小错而不自觉。为了不让小错日积月累后酿成大错，孩子的任何小错都应该要及时指责与纠正。

从容妙招 14

训诫孩子的朋友，可收杀鸡儆猴的效果

为了纠正新进员工，许多上司会采取"代罪羔羊"的招数，寻找几位特定的、有默契的资深员工作为"牺牲者"，当着新进人员的面给予严厉训斥，如此便可在新员工的心里留下强烈的警示，的确能收到极佳的效果。这就是心理学上所谓的"暗示性强化"，目的是为了让新员工所受到的刺激更进一步地强化。这个方法运用在训诫年幼的孩子，也可以收到同样的效果。

习惯性地对孩子直接训诫或唠叨，只会换来孩子不耐烦的回应，并没有让他真的把话听进去，因此通常无法收到预期的管教效果。但如果利用孩子的朋友作为媒介，你的管教就可以达到杀鸡儆猴的目的！

当孩子的朋友、同学来家里玩，但却玩过了头，做出侵犯他人或对人不礼貌的行为时，绝大多数的父母都会因为那不是自己的孩子，而觉得不好意思或没有权利责备他。然而，这个时候不管他是不是自己的孩子，你都应该有如训诫自己孩子般的责备他。这样做不但可以纠正那个孩子的行为，同时也可以让自己的孩子有所警觉与自律。

当孩子看到妈妈当面责备他的同学或好友，孩子内心所受到的冲击可能远超过他的想象。当看到好朋友被自己的妈妈训斥时，他会暗自庆幸"还好不是我被骂"，并在心里发誓以后绝对不可以像好朋友那样，做出侵犯他人或对人不礼貌的行为，以免讨骂。这种间接的教训，会比直接的唠叨责备更具效果。

◎ "暗示性强化"可刺激孩子自我警惕

"暗示性强化"虽然并不是直接指责自己的孩子，让孩子有逃过一劫的幸运感，但它对孩子所造成的警示效果，却比直接责备胜过好几倍，这类的例子可说不少。因此，在管教孩子的时候，为了不想让孩子觉得妈妈很唠叨，不妨适时地加入这个心理战术——不客气地责骂孩子的好朋友。

虽然一般的父母多半不会这样做，并认为指责别人的孩子，并没有什么"益处"，有时甚至会得罪别人。不过，从孩子的心理层面来看，当看到好朋友被自己的妈妈指责时，他便会产生切身之痛。可见，当孩子的好朋友犯了错时，父母应该把握机会斥责，如此可以同时纠正两个孩子的行为。

从容妙招 15

妈妈管教不动时，爸爸有时要扮演法官的角色

有时候，当妈妈管不动孩子时，就会祭出最厉害的招数，对孩子说："你再继续这样闹下去，我就要告诉爸爸了！"

可见，在一般家庭中，爸爸的形象对孩子具有一种威慑力，能让孩子乖乖服从父母的指示。但前提是，父亲必须存在着权威且严肃的形象。

不过，这种威胁的管教技巧必须运用得恰如其分。若是过度使用或做得太过分的话，不但无法让孩子服从父母的指示，反而会对他造成负面影响，让他把威胁手段视为唯一也是最佳的问题解决方式。因此，最好的方法就是，在运用威胁管教法时，必须善用对孩子有正面影响的权威。

意即，父亲的角色不应该受限于管教问题而变得窄化，他还要让孩子看到他的智慧，能够宽广地从各个角度深入看待、分析问题，如此才能教会孩子真正的生活态度，与成熟解决问题的能力。简单地说，就是父亲的角色不只是用来喝令孩子不可胡闹，更应该是孩子全方位的学习对象。

◎父亲不介入母子的争执，才能发挥立即的管教效果

父亲的角色就像一家企业的领导人，必须配合景气与经济脉动的变动，以及社会形态的改变，来调整营运方向与公司内部规定；同时，不论做任何决策都必须瞻前顾后，如此才能带领公司稳健前进。若领导人无法具备这些洞察力与决策力，那么公司不仅会陷入经营危机，还会影响到员工的未来。

这个比喻并不是宣扬父亲是个多么重要、伟大的人物，而母亲是个无能的人。它的重点在于，把与孩子相处时间较少、感情比较疏离的父亲，当作妈妈的秘密武器，在关键时刻使用，必能发挥立即的效果。

因此，当看到妈妈在管教上出现母子争执不下的局面时，爸爸千万不要随便介入，也不要单方面袒护妈妈，否则"父亲"这项武器的威力就会大减。这时，父亲必须站在像法官般的公正裁决立场，对整件事情做一番理性的分析。

例如，当孩子吵着要买玩具时，妈妈也许会满足孩子的要求，也可能说了一大堆理由拒绝孩子的要求。这时，父亲就应跳脱是家庭一分子的立场，有系统地思考买或不买，哪种选项才能对孩子达到实质的教育。

从容妙招 16

爸爸管教孩子时，沉默的威力永远大于唠叨

现代的爸爸越来越愿意分担太太的养育工作，这些被人们贴上"好爸爸"标签的父亲，打从孩子出生后，举凡换尿布、为孩子制作副食品、烹饪、洗衣服等，都事必躬亲。对待孩子的态度也像妈妈一样，花时间陪伴、耐心地讲理，就连管教的态度也渐有唠叨的倾向。这样的转变所产生的问题是，家庭结构会呈现"无父亲"的现象。

"那个东西危险，不可以碰""不要用力抓动物，它们会咬人""吃饭的时候不要跑来跑去""玩具不要乱丢"等，对于孩子这些平常生活中举动，会紧张地一再叮嘱的爸爸越来越多。这样的父亲角色，只会让自己的权威感消失殆尽。因此，为了管教孩子时，父亲的权

威感得以发挥效用，在日常生活中，不论父亲多么在意孩子的行动，也要将管教工作留给母亲，自己则是选择沉默比较好。

"沉默"对于孩子会发挥怎么样的威力呢？虽然，"沉默"一词总容易令人联想到什么事都不做，但事实上，它却是一种能在瞬间达到预期效果的行动。"沉默"就像是演讲或演唱时的"留白"一样，突然的"留白"，能够立刻凝聚听众的注意力，完全掌握演讲或演唱的节奏。

◎沉默的威力，可瞬间令孩子恢复冷静、不敢造次

根据调查显示，一般上班族最喜欢的上司类型，是"沉默、多做少说，且能够正确地评价员工能力的上司"；而最讨厌的上司类型，则是"光说不做、连芝麻小事都要管的唠叨上司"以及"喜欢被员工拍马屁的上司"。

其实，家庭生活也是如此。上一代的教养方式不似现在，上一代的父亲对孩子有着极强的支配力，往往他们说的话就是命令，绝大多数的孩子都不敢违抗或是顶嘴。大部分时候，父亲的形象是沉默的，也不太介入孩子的管教工作。但是，一旦他们打破沉默训诫孩子的时候，短短几分钟的训诫，往往会让孩子一辈子都无法忘记。

仔细想想，为什么父亲的沉默，可以对孩子发挥如此巨大的管教力量呢？这是平日相处、对话时间较少，孩子猜不透父亲心里在想什么；也因为沉默所产生的距离，让孩子不敢动不动就和父亲争执、讨价还价；更因为父亲的权威感，使得孩子不敢胡闹、造次。因此，一旦父亲开口管教时，通常可以在瞬间就收到效果。

　　而现代的"好爸爸"则显得过于饶舌、爱说教，唠叨的模样就和母亲一样，反而引起孩子的不耐烦。可见，父亲沉默的态度，反而更能使孩子尊敬父亲。

从容妙招 17

由其他大人来赞美孩子，他会更积极做事

自从"赞美、鼓励"的教养方式形成一股风潮后，会严厉训斥孩子的父母似乎动辄得咎。专家们指责，"严厉训斥"的压力式、强迫式管教方法，会造成孩子心理的阴影，只会教出被动的孩子，无法激发孩子的潜能，也不能促使孩子主动学习。

的确，想让孩子提高意愿，赞美孩子是有效的手段之一。但是，就管教的立场来看，"赞美、鼓励"也存在着许多害处。例如，当孩子习惯了父母的赞美、鼓励之后，便会因为习以为常，而使得赞美渐渐地无法再对孩子产生刺激作用。像这类过度赞美的结果，其负面效果比严厉训斥更严重。

偶尔给予孩子有效且刺激的赞美，的确可以提高孩子学习、配合或服从的意愿；但是当赞美被过度使用时，将会养成孩子阳奉阴违的态度，为了要得到父母更多的赞美，而做足了表面功夫，但背地里却是个懒散的孩子。

那么，要如何在训诫与赞美之间维持一个平衡点，找到一个既可以收到预期的管教效果，又不会宠坏了孩子呢？最好的方法就是，由别的大人来赞美自己的孩子。当赞美不是由自己父母的嘴里说出来，而是经由孩子所认识的大人的嘴里说出，或者传达某个大人对孩子的赞美，其效果会超出你的预期。

例如，孩子放学回家时，你可以对孩子说："老师今天称赞你写功课很认真哦！"或"老师说你是个爱干净的小朋友哦！"

又如，请孩子送水果给邻居，或帮忙到住家附近的商店买东西时，可以先拜托邻居或商店老板，对孩子说："你真的很乖，难怪你的妈妈那么称赞你！"

◎与别的大人交谈时，间接赞美自己的孩子

第三者的话会让人觉得比较客观，它意味着没有偏袒或溺爱，对听者而言，真实性与可信度都会因而提升。而父母亲的当面赞美，常常会让听多了这些话的孩子，觉得那是父母在虚应故事，或是刻意奉承讨好，甚至觉得父母很虚伪。

间接赞美的方式有两种：一，通过别的大人来赞美孩子；二，在与其他大人交谈时，间接赞美自己的孩子。究竟间接赞美对孩子具有多大

的说服力呢?

　　某次的亲师会上,老师对着一位家长述说她的孩子上课不认真又不守纪律。那位妈妈听得一脸怒气,而站在一旁的孩子也很害怕。后来,有位年轻的老师对那位脸色铁青的妈妈说:"这个孩子虽然顽皮,但是很聪明。若是能往感兴趣的方向发展,我相信未来一定会很有出息的。"

　　年轻老师的话令那位妈妈的怒气顿时消失无踪,站在一旁的孩子也松了口气。从那之后,这个调皮捣蛋的孩子好像突然换了个人似的,上课认真又守纪律,不但成绩进步神速,还当上了模范生。

　　几年后,那位妈妈偶遇当年那位年轻老师,感激地对她说:"你的一句话改变了我的儿子。我不敢说他以后会有多大的成就,但是这个星期,他正代表国家出国参加世界青少年科学竞赛。"

　　每个人都希望得到别人的赞赏,孩子当然也一样。他不只希望得到父母的赞美,更希望得到老师、长辈、邻居的夸奖。听到别人对自己的美好评价,往往会让孩子产生更大的动力,想要表现得更好。即使他当下并没有像对方讲的那么优秀,也会全力以赴地朝着那个目标努力。因此,当父母听到别人称赞自己的孩子时,别忘了要及时把赏识的话传达给孩子。

第三章

一次就让孩子记住『训诫』的妙招

从容妙招18

不说明理由，就是要孩子忍受与顺从

有位杰出的教育实践家，在回忆自己幼小时所受到的管教时，这样说道："在我成长的过程中，不论遭遇到多么不讲理的事情，父亲的回应永远是无理且无情的一句'不行就是不行！'我不能与他争执或闹脾气，就算我再不服气，也只能乖乖地顺从与忍受。在那个当下，我能够深刻地体会到，忍耐不合道理的事情是必要的，即便自己的理由有多么合理与说服力，都未必能够通过父亲那一关！"

当人们没有说明任何理由，只要求自己必须顺从与忍受时，绝大多数的人们会感到自己受压迫，而且心中的疑惑也始终得不到解决。可是，有些事情就是如此，没有任何理由的，我们就是必须顺从与忍受它存在的事实。有时候，就算得到了说明，也似乎了解事情的因果，但最后所得到的结论还是回到原点：不行就是不行，因为那根本行不通！

这种情形也适用在亲子教养上。很多看似开明的父母，在管教孩子时总是很有耐心地循循善诱，因为他们认为在责备孩子的同时，也要向孩子清楚地说明，他犯了什么错，犯错的原因是什么，错在哪里，以及该怎么做才正确，如此才是尊重孩子的管教态度。

但是，若就管教的实例来看，我们不禁要怀疑，这真的是最有效的管教方式吗？像那位教育实践家的父亲那般，"没有理由、只有顺从与忍受"的管教方式，有时我们还真得对它的效果刮目相看呢。为什么呢？原因有二：

一、凡事以讲道理来说服孩子乖乖听话的管教方式，未必真的能够让孩子顺从，他有时候只是"听到了"，但并没有"听进去"。

二、现实生活里，父母的判断依据，会随着环境的改变而改变，一旦管教的立场或原则改变了，孩子便会因为父母管教的前后标准不一样，而感觉到被欺骗，并且立刻提出反驳的意见。

◎非语言的管教可以让孩子把道理"看进去"

所有技艺高超的技师们，在传授学生功夫时，通常都是以技艺而非用语言来教导。某位国宴名厨在谈到他学习厨艺的过程中，为了让自己的厨艺精进，他经常以"偷师"的方式，暗暗偷学老师父的做菜秘诀。这就充分地显示了，语言并非唯一的学习的方式。教导孩子时，语言说明是希望孩子能够"听进去"，而非语言的方式则能让孩子把方法"看进去"。

"没有理由、只有顺从与忍受"的管教方式，其所具有的效果就和"沉默"一样，都具有让孩子自己思考的意义。父母耐心、殷切地说服或责备孩子时，表面上孩子看起来似乎都了解，但其实多半什么都不知道，不知道自己为什么会被指责，也不知道错在哪里；而当父母不给理由时，孩子反而会去思考"自己做错了什么""为什么会被骂"。

喜欢过度说明的父母，往往剥夺了让孩子自己去思索为什么被骂的原因的机会，导致孩子缺乏思考力。说穿了，它其实是种无法打动孩子心灵的管教方法。

当孩子因"没有理由、只有顺从与忍受"，而感到受压迫，心中的疑问也一直没有办法解决时，孩子虽然会觉得这世界不讲理，但是却会体认到一个事实，就是有些事情是必须忍受或顺从。

从容妙招 19

贯彻"我只说一次",孩子就会认真把话听进去

我的一位好友告诉我这样一则故事。

他固定收看几个自己非常喜欢的电视节目。但由于工作忙碌,还得经常飞到世界各地出差,以至于无法每个星期都收看,他为此而抱怨连连。后来,他决定去购买录放机来解决这个问题,但当配送人员把机器送到他家并安装好后,他突然觉得不想看了。

以前没办法看的时候,他就好像犯了瘾似的,排除万难都想着要看到;现在,当他不在家时,他的太太便帮他把节目录下来,让他随时都可以看得到,但他想要收看的热情却不见了。这种情形就好像,一个人每天都想要充实自己,但当他买了很多对自己有益的书之后,却将它们束之高阁，从不曾打开来阅读。

很多时候，我们都会掉入一种"得不到的东西才是最好的"的思维陷阱里，对于随手可以取得的东西，很自然地就不会对它们产生兴趣与热情。这样的心态也很容易出现在管教孩子上。

◎对孩子说："这件事情我不会再说第二次！"

当几个妈妈在一起聊到孩子的教养问题时，我们常常会听到她们这样说：

"我真的不知道该怎么管教我儿子。他老是把我的话当成耳边风，每件事情我都得一再地交代好几次。真的很头痛！"

从这些妈妈的话中，我们会发现，她们认为造成孩子不听话的最主要原因是，"每件事情我都得一再地交代好几次"这个行为。由于父母一再反复交代同样的事情，使得孩子已经听到麻痹、厌烦了，于是产生无关痛痒、充耳不闻的反应。

由此看来，想要让孩子乖乖的听话的方法之一，就是在交代孩子事情时，要先口气严肃地对他声明："这件事情我不会讲第二次，若是你没有做好，一切后果你自己负责！"如此才能让孩子仔细聆听你所要交代的事情。

例如，你交代孩子"进到屋内后，一定要先去洗手"，但在说这些话之前，你要先认真地告诉孩子："你知道的，妈妈不会说第二次的！"如此，孩子就会比较集中注意力地听你说话。

从心理学的角度来看，当人们知道他们在学习过程中，只有一次聆听的机会时，就会特别用心地聆听，学习的效果自然好；但他们若有录音带可以在家里反复聆听，也许最后的学习效果相同，但却要花上好几倍的时间。管教你的孩子时，当然也是如此。

从容妙招 20

善用"训诫仪式"，让孩子专注聆听

　　现代的教育专家或心理学家，都会告诉父母亲们，不论是和孩子说话，还是训诫孩子时，都要蹲下来，保持和孩子同样的高度，眼睛平视着孩子的双眼，握着孩子的手，语气缓慢、平静地和孩子说话，绝对不能大声谩骂。而现在，不论是在幼儿园或小学里，大多数的老师们也都能做到这一点。尤其，当老师牵起小朋友的小手时，这个动作往往会制造很奇妙的效果，就是小朋友对老师的态度都会变得异常顺从。

　　这个方法能够发挥如此微妙且巨大效果的原因有二：

　　一、因为当父母或老师的眼睛与孩子的双眼高度相同，再加上温暖的握手动作时，大人与孩子之间的心理距离会在瞬间缩短，而在如此靠近的距离之下对孩子说话，使得每一句话都可以轻易地深印在孩子的脑海里。一般而言，被指责的孩子都会感到害怕或不安，而这个方法正好可以让他的紧张不安平静下来。

二、由于被指责的孩子位置被固定了，无法随意移动，使得这个"训诫仪式"产生一种严肃的氛围，促使孩子的注意力更加集中，并认真聆听。

◎要求孩子正襟危坐听训，可加深他的印象

既然"位置被固定"这个方法具有如此效果，那么以前老师或父母要训诫我们的时候，经常先要求我们"坐好！"这个正襟危坐听训的方法，应该也可以收到同样的功效。尤其现代的孩子也许从不曾被如此如要求过，一旦被这样要求时，必定会对父母所训诫的话印象深刻。

以前，当我们的父母发出要求"正襟危坐"的指令时，再轻松愉快的气氛都会在瞬间冻结，而父母教训的每一句话，也都会深深刻印在我们的脑海里，有时长达数十年甚至一辈子之久。

对于不曾体验过这种气氛的现代孩子而言，一旦被父母命令"坐好！抬头挺胸"时，突然感觉世界变得完全不一样，其所受到的冲击绝对会更强烈，很自然地就会收敛起脾气，乖乖地接受指责。

不论如何，当父母一声"坐好"时，空气中总传递着双方对峙的局势，当然，它也传递着一份踏踏实实沟通的诚意。只不过，这样的沟通是单方向的，因为在对峙的双方中，孩子是属于弱势的一方，只能静静地接受父母的沟通而不敢有所反抗。

　　这样的管教方式不需要费尽唇舌，也不需要与孩子争辩不下，只要让孩子亲身体验，每次都会奏效，而且对孩子的身心，具有长远的正面影响。

从容妙招 **21**

孩子不想做功课时，要严格禁止他去做

　　站在孩子的角度，当被哄骗或硬逼着去做他完全没有意愿想做的事情时，只会激起他的抗拒心，反而更不想去做。而从父母的角度，看到孩子这种反抗行为时，大多会气得高声责骂，但这样的斥责只会让孩子变得越顽固与坚持，连最后一丝想要去做的意愿也都丧失了。

　　碰到这种状况时，父母不妨反其道而行之，以若无其事的态度，对孩子说："既然不想做，就要说到做到，绝对不可以去做！"

　　禁止孩子去做他没有意愿做的事，也是有效的管教方法。以做功课为例，父母再也不需要整天唠叨孩子"去做功课！"而是严禁他"绝对不可以去做功课！"如此一来，反而会激起他的叛逆基因，想要去做功课。

◎制造孩子的"饥饿心理"，让他主动把事情做好

英国著名的夏山学校，其最为人们所赞扬的教育宗旨就是，不强制孩子做功课，学校也不会提出任何强制性责难，等到孩子自己想要去做时再去做。但是，奇妙的是，所有的孩子都会自动自发地去做功课。相较于一般正规学校总是压迫孩子们去做功课的教学方式，夏山学校的方法，更能提高孩子们的上进心，努力去完成课业。他们就是以制造孩子们心理上的饥饿状态，来提高孩子的学习意愿。

只要是人，都难免会有"不想或讨厌"做某些事情的时候，如果这些事情是他不得不做的事情，此时，就可以利用"严格且绝对禁止去做那些事情"的手段，去激起他的"饥饿心理"，让他产生强烈的要把工作完成的意愿，如此他便会定决心去把事情完成。

每个人的天生性格都存在着一种不愿遭受人家支配的"反骨"心态，即便是依赖心很强的孩子也不例外。所以，在当孩子老是讲不听、叫不动时，不妨采取这种"逆向操作法则"，就可以驯服孩子的不听话。

在生活上，父母若是能善用"饥饿心理"来管教孩子，不但可以让孩子自动自发地把功课做好。同样地，当要求孩子做家事、学习礼节，而孩子不想遵守时，父母不需要哄骗或强迫他，反而要禁止他不要做、不要学习。等经过一段时间，孩子反叛的情绪结束，饥饿心理浮现后，你再选择恰当的时间问问孩子，很可他想要去做、去学习的意愿又高昂起来，愿意配合你了。

从容妙招 22

低声训诫会比暴怒吼叫更有效

　　为了证实《圣经》里"温和的回答会消除愤怒"这句话的真实性，某个机构便进行了一项电话声音研究，调查发号施令者最适合的声音高度，目的是要测试接收命令者的服从态度。结果发现了一个有趣的现象。测验中，当发号施令者以高声质问命令接收者时，对方通常会以高声回应；当发号施令者以低声质问时，对方也会以低声来回答。

　　站在教养的角度来看，这项调查结果的确是种有趣的启示。我们也经常会发现，很多妈妈在管不动孩子的时候，情绪会陷入暴怒状态，因控制不了激动的情绪，而对孩子不停地唠叨、大声吼骂。有些孩子会流着眼泪，默默地忍受妈妈的怒骂；但有些孩子就没那么好脾气了，他会一边流眼泪，一边不甘示弱，以尖锐的语气反驳妈妈的指责。

当孩子大声哭闹时，妈妈若以愤怒尖叫或歇斯底里的声音责骂他，只会换来孩子更凄厉尖锐的哭叫声。可见，引发孩子情绪激动、尖声哭叫的始作俑者，正是妈妈歇斯底里的喊叫声，而且这种母子吼叫对峙的情况，会以恶性循环的方式一直持续下去，直到其中一方疲倦为止。

◎ 低沉的声调可唤起孩子的注意力

一位大学教授曾经对老师的上课声调进行观察研究，想要知道以怎么样的声调上课，可以得到较佳的效果。最后，他观察发现，学生对于上课内容的理解程度，温和的讲解方式比热烈辩论更能增加学生的理解程度。

由此，我们可以推演出一个结论就是，训诫孩子时声调应该要低于平常讲话时的声调，才能达到预期的效果。其实，不只是训诫孩子的时候声调要低沉，在要求孩子做某些事情时，声音也不要过于高亢、急切。

低沉声调与感情所投射出来的热量正好成反比。声调低沉会让人觉得比较具有"理性"。意即，利用低沉的声音让对方相信，你的感情是理性的而非歇斯底里的，如此便可以让失控哭闹中的孩子脱离激动情绪，冷静地观察你，并以理性的态度与你对话。

以低沉的声音说话，可预防双方因渐趋尖锐的声音所引发的冲突，同时也可以唤起孩子的注意力，使孩子态度冷静下来，并诱导他仔细聆听。当孩子的冲动情绪冷却下来后，自然就很容易被说服。

悄悄地、压低声音地说话，还意味着不让别人听到两人谈话内容的含意，具有保护孩子的自尊心的功用，对孩子的心理势必会产生正面的影响。

从容妙招 23

责备的辞令有变化，孩子才不会觉得"炒冷饭"

　　某位学者观察发现，现代的孩子最常对父母说的三句话是"吃饭""没钱了""太啰唆"；而现代妈妈管教孩子时，最常使用的三句话又是什么呢？没错，就是"赶快去念书""赶快去睡觉""电视关掉"。

　　如果你去问问妈妈们，管教孩子时所遇到的最大烦恼是什么？你所得到的最一致的答案可能是：

　　"我不停地、一再地叮咛、交代，已经到了连我自己都觉得自己很唠叨、啰唆的程度了，可是，孩子还是听不进去。"

　　"有时候我话才讲到一半，我的孩子就会把我的话接下去讲，然后对我说：'这些话你已经讲过几百遍了，我都已经会背了，可不可以换点新的词。'"

其实，这种"纠缠式的""唠叨式的"叮咛，不但无法得到预期的效果，最后还会落得两败俱伤的下场——妈妈和孩子都感到厌烦。

问题是，虽然绝大多数的妈妈对这样的管教方式感到厌烦，但每天仍然不厌其烦地，重复对孩子说着同样的话，而且几乎每个妈妈所说的内容都大同小异。

坦白说，这种不停重复又纠缠不休的话，对孩子根本毫无意义。因为，当刺激永远相同时，不需多久时间，孩子便习惯了，而那些话也就无法再对他产生任何刺激感。

◎换个台词、变化语调，赋予"叮咛"新生命

妈妈们"唠叨式交代"的情景，就好像我们在搭乘大众运输工具时，总会每隔几分钟就听到广播声音提醒乘客"请不要超越等待线""下车时请记得随身行李"。只是，同样的台词、同样的语调，往往会使旅客因为过于习惯而忘记它的警告。

我经常在想，如果广播人员在提醒乘客注意搭车安全时，可以经常换换台词并变化不同的语调，相信不只会引起乘客的注意，也会让人觉得不那么无聊。例如，要提醒乘客不要忘记个人物品时，不要只说"下车时请记得随身行李"，也可以这样说："车站的失物招领中心已经满了，请各位乘客一定要记得你们的个人随身物品……"

管教孩子时也是如此。把每天都要叮嘱的事情，换个说法也换个语

气，不但会引起孩子的注意，把你的话牢牢记住，还会让他觉得有趣，亲子间的紧张关系也会轻松不少。例如，要提醒孩子"赶快去睡觉"时，不妨换个台词：

"听到钟的声音在呼唤你了吗？睡觉的时间到了哦。"

"你再不上床睡觉，等一下就会听到学校早自习的钟声了。"

"超过十点上床睡觉的人要打扫庭院一个星期，看来下个星期你是逃不掉了。"

相信你会发现这样的管教效果很不一样。

从容妙招 **24**

经常威胁着要处罚，只会让孩子觉得"狼来了"

　　大家一定要很熟悉《伊索寓言》里，那一篇著名的《放羊的孩子》的故事吧。故事里的那个爱做恶作剧的放羊少年，为了想要捉弄村民，于是一面赶着羊群，一面大声喊着"狼来了！狼来了！"

　　当他看到村民们个个手拿武器，惊慌失措地跑来要帮他赶走狼群的表情时，少年忍不住哈哈大笑起来。他觉得这个游戏实在太有趣了，于是一玩再玩，惹得被玩弄的村民们气愤不已。

　　可是，有一天，狼群真的来了。看着羊群无助地被狼群攻击的少年，紧张地大喊"狼来了！狼来了！"这一次，没有任何村民挺身相助，因为大家以为他又在说谎。这位少年最后失去了他宝贵的羊群。

在管教孩子时，父母经常拿这个寓言故事来警告孩子不可说谎。但是，对于许多动不动就威胁要处罚孩子的父母，这个寓言故事更适合应用在他们自己身上。

为了教导孩子正确的做人态度，赏罚分明是必要且必须彻底执行的管教方式。孩子若是完成了父母交代的事情，就该得到赞美或奖赏；如果没有做到的话，就应该要给予惩罚，如此才能让他有所警惕，并学会服从命令与守规矩。

只是，一般的父母都很乐意赞美、奖赏自己的孩子，但是一谈到处罚时，却显得不忍心或有所顾忌。

例如，当爸爸对孩子说："这次考试如果你能比上次进步十分以上，我就带你去看棒球比赛。"当孩子的成绩真的有明显进步时，爸爸一定会依照承诺，带他去看比赛。

另一方面，妈妈对孩子定出规则说："如果晚餐之前你没有把房间整理好，就罚你不准吃晚餐！"只是，当孩子没有做到妈妈的交代时，妈妈会因为不忍心看孩子挨饿，还是会让孩子吃晚餐，然后边吃边说："这次先放你一马，下次如果再这样，我可就没有那么好说话了，我说到做到，一定不让你吃晚饭！"以这样的口气自我安慰，并给自己找台阶下。整个过程，妈妈就像唱独角戏的演员，而孩子像一旁看戏的观众，完全感受不到处罚的压力。

◎只会"嘴上"威胁要处罚，孩子会不为所动

不容否认的，当孩子没有确实完成父母所交代的事情，而父母并没

有对他施予实际的处罚，只是"嘴上"嚷嚷着要处罚，这种威胁式的管教方法，有时候的确能够发挥吓阻的效果，但是二、三次之后，它的威胁力量就荡然无存了。

这种"光说不练"的威胁方式，会让父母在孩子的心里威势尽失。在孩子的眼里，父母的这种管教方式与说谎无异，他根本就不为所动，只是眨了眨眼睛，有种"哎，又来了！"的感觉。

父母如果只会"嘴上"威胁要处罚的管教方式，不但会令处罚流于形式，且亲子之间也会产生一种很微妙的虚假关系，而孩子也会对父母的处罚威胁无动于衷。但是，若孩子每次犯错，父母就执行处罚动作，只怕会导致孩子的压抑心理，甚至对父母产生恐惧感，这也不是父母所乐见的结果。

若要在这两者之间取平衡点，最好的方式是：孩子犯错满三次，父母就必须抛开感情、硬着心肠地执行处罚。如此，处罚的威胁感才会一直存在孩子的心里，但又不会有随时可能会被处罚的担心，而父母也才能达到管教的效果。

第四章

把孩子当作独立个体，才能戒除他的依赖

从容妙招 25

要断绝孩子的依赖心，不要为他贴上"软弱"标签

　　如果你想要你的孩子戒除依赖心，就要把他视为一个独立个体，他才能学会自立。最重要的是，绝对不要为他贴上诸如"独生子""被宠坏了""很黏妈妈"这类，给人一种无法独立的标签，因为许多孩子一旦被贴上这些标签，就会顺理成章地依赖到底。

　　这种心态就像那些就读所谓"三流学校"或"后段班"的孩子的心态一样，由于认为既然是三流学校、后段班，再怎么努力读书也不会读出什么名堂来，所以，一开始就丧失了学习的意愿；相对的，那些就读人们眼中所谓"一流学府""高升学率学校"的孩子，则是在一开始便对未来充满无限希望与信心，因此勤于学习。

　　当然，任何父母应该都不会刻意地给自己的孩子贴上"独生子""被宠坏了""很黏妈妈"这类标签。但是，在日常生活中，有时就是会不知不觉中做了这样的事。例如，在和朋友或别的家长聊到自己的孩子时，许多父母即使为孩子的出色表现感到很骄傲，也会态度谦虚地这样说：

　　"我这个孩子因为是独生子的关系，大家都把他给宠坏了，真是太没出息了！"

　　当然，父母说这句话，并不是真的在贬抑、指责自己的孩子没出息，相反地，他们是想要告诉其他人"你们看我的孩子有多么优秀！他值得我们的宠爱！"

　　对于这种表现谦虚的沟通方式是好是坏，无法置评。但站在年幼孩子的角度来看，他不懂大人那些谦虚语言的弦外之音，但他相信他所听到的，那就是他的父母说他"被宠坏了""没出息"，这对他的努力求表现是一种严重的打击。

◎父母不依赖孩子，孩子才能戒除依赖

　　其实，说孩子"依赖"的父母，自己在感情上往往也很依赖孩子。他们因为有着严重的分离焦虑感，害怕孩子独立之后将不再需要父母，于是在无意识中，便会说出"孩子被宠坏了""依赖心过重""太爱撒娇""没出息""他就是很爱黏着我"等说辞。对于追求独立的孩子来说，这些话会让他觉得自己的努力都是白费的。

　　在朋友或其他家长面前，父母对于孩子的杰出能力表现谦虚，

这其实无所谓。但是，他们往往也很习惯地，在日常生活里反复说着这些话，使得孩子很自然地意识到在父母的心中，自己就是个"独生子""被宠坏""依赖""爱黏妈妈"的孩子，久而久之，他的表现就会越来越靠向那些标签，越来越依赖父母。"反正我是独生子嘛，所以爱依赖也是应该的。"他自己最后也这样认为。

　　所以，想要断绝孩子的依赖心，首先必须留意在孩子面前不要说这类的话，以免助长孩子的依赖性。

从容妙招 26

视孩子为独立的个体，是培养孩子独立的第一步

有位学者曾经做了一项调查，把西方与东方的母子关系进行了一番比较。根据他调查比较的结果显示，东方的母亲几乎不太会主动与孩子沟通，但西方的母亲则会主动且积极地与孩子谈话。

这位学者还提出了一个颇具争议的结论：东方的母亲会强烈地将孩子视为个人财产，是自己的分身，更是自己身体的一部分。因此，她们认为在管教孩子时，不需要太多的语言解释，只需要透过哄骗、抚摸或其他亲密的动作，便能心有灵犀地达到亲子沟通的目的。

西方的母亲在管教孩子时，所使用的方法正好与东方的母亲完全相反。不论孩子的年纪多小，她们都会把他视为独立个体，即使面对还不

会说话的孩子，她们也会以对待大人的方式，态度正经地与孩子沟通。

这两种教养方式之间最大的不同就是，东方的母亲教出来的孩子比较依赖，西方的母亲所教导出来的孩子则是个性独立，因为西方的母亲从一开始就把孩子视为独立个体。

◎放手，孩子才能自己往前走

"不要帮她的忙，她不喜欢人家帮她。"

小莉的父亲温和地阻止了伸手要帮小莉下阳台的客人。那位客人缩回了双手，兴致盎然地望着这个三岁半的小女孩如何来完成这壮举。

有两次，她来到阳台的边缘，伸出小腿往下探，并用两眼打量了一下高度。不行！她自言自语地说。她知道这种方式会让她翻下去时摔个倒栽葱，她不喜欢摔个倒栽葱，她犹豫起来。

然后，她转过身，走了两步，弯下腰趴在阳台上，两手伏地，将下半身往下探，成功地碰触到了地面。

"看！很容易吧！"下了阳台后，她笑嘻嘻地对着两位大人说。

在给孩子自己找出解决方法的机会之前，父母不要太快介入。为孩子解决问题，可能会让"你"感觉比较好；但是，当你给孩子机会和力量，让他自己找出解决的方法时，"他"会感觉比较好。

所以，在培养孩子独立的过程中，父母必须先学会"放手"，而且要把所有的唠叨、提醒和教训都忍下来。让孩子自己尝试两次、三次，会比从你上百次的唠叨中学到更多东西。

孩子就是一个独立的个体，不是父母的分身或身体的一部分，更不是父母的财产。虽然要妈妈在孩子出生后，就把他视为一个独立的个体，不是一件容易的事。但是，只有当你愿意放手时，你的孩子才有机会自己往前走。

从容妙招 27

孩子打架时，不要调停，先当个观众

一个九岁男孩的爸爸，在他儿子的朋友来家里玩的时候，听到他们激烈的争吵，尤其当他们开始辱骂对方"你这个臭小子""白痴"，甚至说出更糟糕的话时，这位爸爸感到很生气，并开始考虑要不要介入调停。

后来，他很庆幸自己没有这么做。因为几分钟之后，两个孩子就安静地一起下棋了。他们很快就选择了原谅和遗忘。孩子不像大人，他们只需几分钟的时间，就会把不愉快的事情抛到脑后，但大人却可能会记仇几个月。

当你的孩子和别的小孩扭成团打起架，你匆匆赶到现场后，会怎么处理呢？

我们先来看看西方国家的父母会如何处理他们的孩子打架。追求新天地、开辟荒野的美国人，在看到孩子打架时，他们只是站在一旁观看，完全不予以干涉；而追求事物的合理性的法国人，则是先将两个孩子拉开，不让他们有肢体接触，然后让他们吵个痛快。

那么我们自己呢？我想，无论如何我们都会想介入并加以调停。

我们总是教导孩子与人相处时，凡事以"和"为贵，因此当自己的孩子和同伴或者兄弟姐妹打架时，我们的第一个反应通常是，立刻将他们拉开，然后斥责一顿，问清楚原因，最后决定该如何处罚。也就是说，在处理打架事件中，父母介入极深，并替孩子决定了处理方式。

◎即使大打出手了，孩子还是有能力自己找到解决办法

我们当然可以理解，父母想要立刻介入调停孩子打架，是因为害怕自己的孩子受伤，也怕自己的孩子伤到别人的孩子，但是事实上，打架其实对孩子的心理发展具有十分重要的意义，父母不该武断地剥夺了孩子宝贵的成长经验及机会。即使孩子已经大打出手了，父母还是应该让他们自己找到解决冲突的简单方法。

也许你会很想要试着帮他们解决问题。但是，孩子需要的是，被鼓励在没有太多成人介入的情况下，自己找出解决的方法。为了让他们有机会可以学习如何妥协，你可以试着这么说："你们两个可不可以一起找出解决问题的方法呢？"

因为，小孩子在打架的同时，也会想要找一个与自己年纪的解决

事情的方式，而不是大人的方式。也就是说，孩子虽然年纪还小，但并不表示他们不懂得如何解决问题。在打架的同时，他们还是会动脑筋去寻找妥协点，而这种解决冲突的能力，其实是在培养他们的社会性及协调性。

如果这时候父母介入调停，无异于抹杀了孩子日后可能成为一名人际关系高手的机会。父母当然担心孩子打架，但它却能让孩子明白一个重要观念：并不是每个人都能接受自己，有许多人是与自己对立的。

孩子打架并不见得都会因为父母的调停，就会有圆满的结果，因为孩子有他们自己的期待和想法，而它们有时和大人是截然不同的。所以，孩子打架时，不妨在旁充当裁判或观众，只要确保孩子不受伤，不妨就让他们尽情地打一架，然后让他们靠自己的脑筋去解决问题。这其实正是孩子培养自信心及能力的最好时机。

从容妙招 28

孩子间的互相约定，必须让他遵守诺言

某日，八岁朗尼的父母宣布，决定星期日带全家人到游乐园玩。这时朗尼突然开口说："我和查理约好星期日要去马克家玩！可是，如果全家都要去游乐园玩的话，那我也要去。"

朗尼的妈妈："那太好了！这样就全家都到齐了！"

在这种情形之下，绝大部分的父母都会赞成孩子可以不信守承诺的决定。但是孩子的心理其实不似父母想象的那般单纯！虽然年纪小，但孩子通常会对同学间的约定十分重视，因此，当父母遇到类似的情况时，应该要仔细考虑孩子失信于同学时，会有什么结果。

在某所小学的毕业典礼上，当校长、来宾轮流上台致词时，台下的学生不停地交头接耳，使得致辞的过程一直很嘈杂。但是，当轮到毕业生代表上台致词时，台下的学生突然全都安静了下来。

对于这种情况，我想得到的唯一解释是：大人的致辞太说教了，令年幼的孩子感到十分无聊、事不关己；而毕业生代表则因为和台下的学生年纪相仿，就有如在替台下所有毕业班同学发言一般，因此学生们才会认真聆听。

几乎所有的父母都只关注大人对孩子的管教与沟通问题，对于年幼的孩子与孩子之间的感情，他们大都会不在乎、不注意，并不会特别关心，因此，当听到两个年幼的孩子相互约定什么事情时，他们也会觉得，那只是孩子之间的童言童语，不具任何意义，过不了多久，孩子们就会忘得一干二净了。然而，这正表示父母对于孩子世界的不理解。

◎孩子之间的约定，比父母的命令更重要

小时候和同伴玩玻璃弹珠时，我们有一个约定，就是玩输的人要给赢的人一粒弹珠。为了想要赢到很多弹珠，我几乎无时无刻不在想着，该用什么招数打败同伴，而且还不停地练习技巧。为了一个约定，我专注地思考与练习的态度，是当时我做任何事情都不可能有的经验。

在孩子的世界里，父母无法提供他们任何严格的相处规则，因为孩子之间的关系是对等的，所以才会有所谓的竞争与对立。如果父母只是一味地在亲子之间关系上打转，对于孩子们之间的关系毫不留意也不在意，反而会夺走了孩子学习成长的机会。

孩子与友好同伴之间，都有他们自己的"游戏规则"与"行动原则"，这些规则与原则的重要性，多半高于父母的命令。例如，也许大人们会觉得孩子们之间的互相约定无聊又可笑，但对孩子而言，不管大人觉得有多么无聊、多么可笑，他们对那些规则与原则却是非常认真的，而且一定会努力地遵守它们。当孩子顺从父母的命令，而违背自己小团体的规则与原则时，他们的心里通常会很不好受。

其实，父母如果能够多关注孩子的小团体的规则与原则，就会发现，它们正是培养孩子自立的好方法。因此，为人父母者，不应该忽略孩子之间的约定。在管教孩子的时候，那些孩子互相约定的规则所产生的效果，会优于亲子之间的约定。

从容妙招 29

孩子体力与能力上做得到时，
不要理会他的哭闹喊累

一般来说，当我们遭遇困难时，对应的方法不外乎三种类型：第一，加以挑战，想办法自己克服。第二，依赖他人帮忙解决困难。第三、对解决困难毫无把握，完全存着侥幸、碰运气的心理。后面两种应对方法，基本上都是不想靠自己的力量去克服挫折、困难，只是想逃避、依赖别人，极容易养成依赖的个性。

如果把这种情形放在小孩子身上，就不难发现他们多半属于第二种类型，也就是"依赖他人帮忙解决困难"的类型。

在幼鸟刚出生的阶段，母鸟对幼鸟的照顾可谓无微不至。但是当幼鸟成长到一个阶段，成为小鸟时，母鸟为了训练幼鸟自立，态度会变得十分残忍。它会把小鸟推出巢外，强迫小鸟学习飞翔，好让它们可以独立去寻找食物，不再依赖母鸟的喂养。

为了让孩子可以自立，父母必须像母鸟一样，要有排除孩子依赖心的准备，营造出他必须去挑战、克服的环境，并提起勇气，逼迫孩子独立完成他该做的事。随着孩子年龄的增长，他会越来越变成有自立心的人，也越能自立自强。

◎孩子体力与能力上做得到的事，
父母千万不要插手帮忙

我的一位朋友，在她的女儿开始上幼儿园时，每天陪着女儿走路到一点三公里外的幼儿园上学。这样的距离对大人来说并不算远，但是对一个三岁的孩子而言，却有如一条永远走不到底的路那般遥远。

经常，她的女儿走到一半时，便喊着"我的脚好酸，不想走！""我走不动了，抱我！"但不论女儿如何哭闹，她从来不曾停下来去抱或背女儿，而是停了下来，让女儿休息一下，再继续往前走。三个星期后，她的女儿终于可以不用再中途休息，就能一直走到目的地。

往往，当我们听到孩子说"太累了，走不动！"时，总会心软地背他或抱他，即使没有这样做，也会帮他拿东西。虽然现在交通工具很方便，可以让孩子舒服又快速地到达目的地。但是，从教养的角度而言，训练孩子依靠自己的力量或能力去完成事情，才能帮助他们早一点自立。

当然，当看到孩子频频喊累时，要强迫他继续走路，绝大多数的父母也不太可能做得到。但是，不论有多么的不忍心，你都要克制住想要去抱他或背他的冲动，也不要帮他拿东西。你只须停下来，让孩子休息一阵子，等他体力恢复或情绪平静时，再继续行走。如此，才不会养成他一遇到困难就想要逃避的心态。

一旦因一时的不忍，而接受孩子一次的要求，就会有第二次、第三次，进而养成孩子的坏习惯，只要遇到痛苦、困难的事情，就想尽办法规避，只想依赖别人的帮忙。

从容妙招 30

不要问孩子"很痛吗"，而问他"不痛吧"

有位妈妈，在小学放学后，带四岁儿子到校园的操场散步。小男孩看到一只蚱蜢，便放开妈妈的手，追着那只蚱蜢，但一个步伐不稳跌倒了。他趴在原地没有哭，只是睁大眼睛看着妈妈，希望妈妈抱他起来。妈妈并没有蹲下来抱他，而是看着他说："跌倒了，就自己站起来哦！"小男孩只好自己爬起来，走到妈妈的身旁，牵着妈妈的手继续往前走。没多久，他又看到其他有趣的小昆虫，忘了刚才跌倒的事情。

有些过度宠爱孩子的父母，在孩子没有提出任何要求的情况下，就会主动地问"还走得动吗？要不要妈妈背你？""累不累？妈妈抱你好不好？"其实很多父母都有这种过度不忍、过度宠爱的行为，而这也是当今父母必须好好思考的教养态度。

　　一般的母亲只要看到孩子跌倒，就会飞奔过去，紧张地问孩子"是不是很痛""要不要紧"；或者当孩子表现出一副无精打采的模样时，就会担心、焦虑地问"是不是头痛""我摸摸看有没有发烧"。这时孩子会顺势地撒娇，回答"好痛！"可见妈妈们平常无意中所使的这些措辞，是造成孩子常常依赖的原因。

　　孩子跌倒之后是否真觉得会痛，我们暂且把这个问题放到一旁。但是，当父母以这种质问的方式去问孩子时，原本就依赖父母的孩子，当然会选择回答"好痛！"这样可以得到父母更多的关爱。

　　可见，这种质问方法，会使得本来不觉得痛或者有能力忍耐疼痛的孩子，内心的依赖感在那一刻被唤起，即使一点都不觉得痛，他也会故意地嚷叫喊痛，好享受父母更多的疼爱。一旦他养成了这样的习惯后，想要他自立就难上加难了。

◎父母无意识的心理，诱使孩子更强烈的依赖心

　　为什么父母们会成为孩子产生依赖心的祸首呢？为什么父母总喜欢诱使孩子去依赖他们呢？这其实是他们无意识的一种心理反应。毕竟，很多父母虽然很严厉地管教孩子，但隐藏在这些严厉管教背后的心态是，他们真正希望的，其实让孩子依赖自己。

　　当父母问孩子"是不是很痛"时，他们内心就是期待孩子回答"好痛"，如此才能如愿地享受被孩子依赖的感觉。父母这种无意识的诱导询问方式，正好凸显了深埋在他们心里深处的弱点，而孩子正好利用父

母的这项弱点，得到自己想要的宠爱。

因此，孩子跌倒时，或嚷着"走累了""走不动了""不想走了"的时候，不要问他"是不是很痛"或"很累吗"，而要改问"不会痛吧""不会累吧"，相信这样一来，孩子就会自然地回答"不会痛""不会累"。

为了戒除孩子的依赖心，父母平常就必须留意自己无意识的措辞，才不会让孩子有机可乘。

从容妙招 31

即使照顾不周，也不要对孩子说"都是妈妈不对"

在刚开学的某天早上，我在校门口看到一幕令我至今印象深刻的画面。一位妈妈以几近下跪的姿势，面对穿着一身新制服的刚入学的儿子，不停地点头道歉，嘴里还不断地念着"都是妈妈不对"。

我好奇地问其他送孩子来上学的妈妈，这究竟是什么情形？原来是那位妈妈忘了帮孩子带手帕，而拼命地向孩子赔不是。看到这幅景象，我不禁疑惑也感慨，现代的父母难道已经失败到如此没有尊严的地步了吗？

再仔细想想，这种现象似乎已成为再自然不过的事情。这样的父母在我们的社会中，似乎早就屡见不鲜了，而且不仅妈妈这样，连爸爸也是如此，只要孩子有一点小小的不高兴，就急忙向孩子道歉。

举凡孩子的功课没有做好、拒绝为孩子买他喜欢的玩具、没有准时送他到学校、没有准时到学校接他放学、忘记带课本或上课所需的文具等，父母都会认为是自己没有尽到责任，对孩子感到愧疚，于是不停地向孩子道歉，渐渐地也就养成孩子依赖娇纵的习性，变成了家中的小皇帝。

养出依赖娇纵的小皇帝，是否父母就得负起所有的责任呢？父母真的有犯下严重的错误，所以必须向孩子道歉吗？假设父母并没有什么不对的地方，但是为了表示强烈的责任感，而需要向孩子说"都是妈妈不对"的话，只会把亲子关系从"长幼关系"变成"同伴关系"，而这都是父母动不动就对孩子道歉所导致的。

表面上看起来，这样的亲子关系感觉似乎很和谐，但它却潜伏着某些看不见的危险。当父母对孩子道歉时，即使没犯错，孩子也会将它解释为"都是妈妈的错，所以她才道歉"，于是孩子就会认为自己站在优势位置，进而采取与父母对立且对等的地位，趁机说服父母，以达成他的目的。

◎别让孩子有"我不好，都是妈妈害的"的观念

当发生冲突时，不论犯错的是哪一方，似乎先道歉的那一方就会被认为是输家，是犯错的一方，所以必须负起所有责任。最后，责任的问题就变得混淆不清了。

同理可推，如果母亲向孩子道歉，这个行为不仅表示亲子之间的姑

息关系，也表示父母把孩子或孩子把父母视为对立者的状态。事实上，无论亲子之间发生什么事情，父母总会把错揽在自己的身上，并向孩子道歉。在这种环境下被过度宠爱长大的孩子，很容易在某种场合中，把父母看成是对立者。

我们常常会看到，许多母亲都习惯使用"都是妈妈不对！"的心理战术，但其实，这种战术不仅不能使亲子关系更亲近与顺利，反而会催化亲子之间的关系更加速恶化。父母总以为孩子的对立行为，只是他不懂事所致，因此只要讨好孩子，把自己的身份地位降低到与孩子同等，即可安抚孩子的情绪。但是，一旦地位与孩子相同，在心理上和孩子形成对等关系时，你也不能期待任何正面效果的。

管教孩子时，重点并不在于父母是否该降低自己的地位，与孩子成为对等的同伴关系。这种一有问题就向孩子道歉的父母，不但会使得亲子关系因失去了原本的长幼有序的伦理，而无法和谐相处，同时还会培养出凡事依赖且毫无责任感的孩子，把所有的过错都推到父母身上；再不然，就是教出处处与自己唱反调、个性乖僻的孩子。

孩子能力上做得到的事，父母别抢着做

　　一位妈妈曾经忧心忡忡地对我说："我实在很担心我的儿子，他在这个世界上孤立无援。"

　　于是这位妈妈就像部随时盘旋在儿子头顶上空的直升机，准备在孩子发出第一个麻烦信号时，就立刻下降解救他。

　　父母因为担心孩子遇到挫折、困难，因此总是在孩子还没有充分表现能力时，就抢在他的前面，帮他把事情做好。然而，这样做只是暂时解除了孩子眼前的困难，以及父母内心的紧张，但长远而言，它却无法让孩子变得强壮、自立。

　　所以，在你急于对孩子伸出援手之前，必须学会先停下来，花点时间思考并自问："我真的需要替他做任何事吗？如果我没有提醒他记得把家庭作业带回家的话，会怎么样呢？"学习在你很想要介入的时候，往后退一点，可能需要很强的自制力，但是，它却是你对孩子宽大和爱的最根本表现。

有位成功人士，回忆小时候父亲如何教导他自立的方法。他提到，有次父亲交代他帮忙送东西去给住两公里多外的伯父。

由于携带的东西又多又重，所以他忘了带父亲给的车费。当他走了十几分钟来到车站准备搭车时，才发现自己忘了带钱。望着手上那些沉重的东西，他实在没有力气提着它们走回家去拿钱。思考后，他决定在车站等，期待父亲会发现而帮他把钱送过来。

等了好一会儿后，完全没看到他父亲的身影出现。就在他急得不知道该如何是好时，突然想起车站旁的有家小餐馆。他和父亲经常去那里用餐，父亲和餐厅老板是好朋友。于是，他鼓起勇气去向老板借钱，并允诺送完东西回来后，会帮老板工作一个小时。

他顺利地把东西送到伯父家。当然，也依照承诺，帮餐馆老板洗了一个小时的碗。其实，他的父亲早就发现他忘了带车钱，但并没有对他伸出援手。当接到餐馆老板的电话，知道儿子如何解决车钱的问题时，父亲为儿子感到非常骄傲。

◎明明知道孩子会遇到困难，有时还是要让他去闯一闯

对照现今的亲子关系，当同样的状况发生时，现在的父母可能在孩子忘记带东西的那一瞬间，就会觉得事态严重，担心孩子一定无法完

成交代的任务，甚至担心孩子会责怪父母为什么要叫他去做那么困难的事，于是立刻把车钱送到车站给孩子。

但那位成功人士的父亲显然并不这样想。他认为这是一个培养孩子自立的绝佳机会，如果孩子想不到办法解决问题的话，不管他提的东西有多重，都得回头拿车钱；但若是孩子能想出办法顺利解决问题，他将因此而获得自信与成就感，日后也会更有勇气去面对各种迎面而来的困难。

由于父亲平常就是以这样的态度教养孩子，那位成功人士才能从生活中吸取教训，并学习到丰富的解决问题的经验，最后排除种种的困难，成功地创造事业佳绩。

总之，父母别急着当孩子的防护罩。开始学习自立的孩子，无法预知自己什么时候会遇到困难，若是父母预见了孩子的困难，预先帮他排除，其实是在阻断孩子的自立之路，扼杀他依靠自己的力量克服困境的机会，养成他凡事依赖他人的心态。

有时候，即使知道孩子会遇到困难，但若不会造成危险，父母不妨假装不知道，放手让他去闯一闯，孩子才能从父母的庇护中挣脱出来。

第五章

有所保留地教导，才能让孩子学会自立

从容妙招 33

孩子提出疑问时，让他自己去摸索部分答案

　　有个十岁小男孩，在逛夜市时看到魔术扑克牌，他幻想着，如果自己拥有这副牌，就可以把牌玩得像魔术师那样出神入化。当他要求妈妈买一副牌给他时，妈妈断然拒绝地说："这太难了，你不会玩的啦！"

　　小男孩不停地哀求、吵闹。妈妈忍受不了他的纠缠，最后还是买给了他。回家后，小男孩兴致勃勃地玩了几次后，发现妈妈讲的没错，它真的很难。于是，他要求妈妈教他玩，但妈妈却对他说："我不知道。"

　　妈妈冷酷的回答犹如在他的头上浇了盆冷水。于是，他忍住想哭的冲动，努力地反复练习，最后当他终于发现了玩魔术扑克牌的要诀时，他简直欣喜若狂，心中充满了成就感。

从教育的角度来看，小男孩的母亲若答应了他的要求，教他玩魔术扑克牌，小男孩也就无法体会到，自己后来发现秘诀时的狂喜与成就感。小男孩的母亲把握了绝佳的机会，教导孩子学会了自立。

其实，你只要用心观察就会发现，当孩子遇到某个问题时，他的头脑就会立刻变得活跃起来。由此可见，"问题"与"疑问"是训练孩子独立思考能力的绝佳时机，也是最好的方法。因为在这个时机里，只要能恰当地把握住机会，就能逐步引导孩子，孩子就无法成为一个懂得独立思考的人。

◎善用孩子想一窥究竟的好奇心

当我们阅读推理小说时，最感到厌烦的是，正当剧情要进入高潮时，却因为其他事情而不得不暂停阅读。虽然我们放下小说，去做其他事情，但满脑子却离不开还没看完的故事，不停地猜想着可能的结果。这也就是为什么，推理小说和电影的精彩预告，总是截取最精彩的一小段故事，来诱使读者或观众想去一窥究竟。

有位心理学家曾做过一项称为"中断课题"的研究，就是将尚未解决的课题，在解决到一半时给予中断。结果发现被测试者的心理紧张程度快速提高，更急着想要把问题的答案找出来。

由此可见，对于孩子的问题，不要完全回答，留一部分给孩子自己去思考，让他依靠自己的力量去解答。以上述的小男孩为例，他的母亲并没有对他采取"中断课题"，而是在他遇到困难时，只给予他简单的回答，并未夺取孩子依靠自己力量寻求答案的机会。这样的教养方式，使得小男孩从母亲那里得不到答案时，想要找到解答的企图心变得更强烈。

从容妙招 34

抢着当孩子的代言人，会养出依赖心重的孩子

　　有位在小学里担任生活辅导顾问的心理医生说，带着孩子来找他咨询有关管教问题的母亲，都有一种显著的共同特征，那就是，当他询问孩子问题，以期解开孩子内心深处的烦恼，方便给予心理治疗，而孩子也努力想找出答案的同时，母亲们都会抢先孩子说出答案。似乎，做母亲的都认为，任何人，包括孩子自己，都不会比她们更了解孩子的心情。

　　这往往就是导致孩子心灵被侵蚀的主因。因为，从孩子回答生活辅导顾问的问题时，我们发现，孩子总是不停地观察母亲的脸色；而当母亲抢着回答问题时，孩子也会频频点头表示赞同。但是，当顾问请母亲

离开咨询室，只留孩子和心理顾问两人时，孩子便会逐渐打开心房，坦白地说出自己真正的感觉或想法。

心理顾问发现，绝大多数孩子的最大烦恼，是自己的想法得不到父母的尊重，他们不能为自己做决定，所有事情都是母亲为他做决定，而他们只能乖乖地接受。

◎就算孩子词不达意，也要让他表达自己的意思

当孩子认真地思考问题，努力地思索着词句想要表达自己内心的意思时，父母千万别抢在孩子前面说："你想要说的是不是这个意思？"或者不耐烦地说："你这个孩子到底想要怎样？说话吞吞吐吐的。"

当然，就父母的角度而言，因为觉得孩子年纪还小，无法完整地表达内心的想法；或者看到孩子所懂得的词语有限，无法把自己的心情表达清楚，很自然地就会想替孩子发言。虽然，这样做是出于善意与保护的立场，但这并非真正帮助孩子的方式。

当你认为孩子无法精确地传达心里的想法，而抢先帮他说出他想说的话时，你其实完全忽略了孩子的自主性，而当这种情况一再重复地发生后，渐渐地，孩子便会不再开口为自己回答任何问题，因为他觉得反正母亲会替他回答，自己无须费神去想答案、词语。慢慢地，他就变得对任何事情都无所谓，什么事情都不想做的无精打采的孩子。

小孩子本来就无法像大人一样自在地操纵语言，但大人其实也不需要因此就替孩子发言，因为孩子真正需要的，是用自己的方式去表达自己的意思给对方理解，而不是父母错误的慈爱心。所以，父母应该要保

持耐心，在一旁给予孩子鼓励。在孩子能够流畅的以语言表达自己的想法之前，父母最好只需待在一旁装作听不懂的样子，这也是一种培养孩子自立的很好方式。

从容妙招 **35**

把电视剧当作管教工具，训练孩子的思考与判断能力

电视对年幼孩子巨大的负面影响，是众所皆知的事。即使专家们呼吁父母应该关掉电视，或别让孩子看太多的电视，但是在当今电视如此普及的情况下，不管电视有什么坏影响，父母要完全禁止孩子看电视，不但显得过于冷漠无情，也不太可能做得到。因此，父母不妨转换个方式，把电视节目变成管教孩子的工具。

例如，父母应该陪孩子一起看电视，并且把电视情节融入现实生活中，问孩子："如果你是电视里面那个小男孩，你会怎么做呢？"借此方式来训练孩子独立思考与判断的能力。

其实，电视之所以对孩子造成严重的负面影响，是因为父母放任孩子自己看电视，而不在一旁给予指导，使得孩子不分是非对错的，全面接受剧情所传达的观念，导致价值观被严重扭曲。

◎把电视剧当作前辈的人生经验，让孩子从中学习智慧

担任教师这么多年来，我所遇到的最大困扰，就是过去只是理论思考性的问题，现在都变成了迫切需要解决的现实问题。而这也正是电视与孩子之间的关系。坐电视机前的孩子就像个旁观者，不费脑力地看着一个又一个好似与自己无关的节目，但却在不知不觉中被它深刻毒害。

看电视剧时，问孩子："如果你是电视里面那个小男孩，你会怎么做呢？"把孩子从旁观者变成参与者，把电视情节转换成现实问题，让他以现实角度来判断、考量问题，并思考解决的方法。

把电视剧当作模拟体验的道具，透过这种虚幻与现实的转换，并提出诱导思考的问题，才能让孩子思索现实生活中无法体验得到事情。这就像是从前辈的丰富人生经验中学习可贵的智慧与价值观一样。

电视虽然对孩子有负面的影响，但它并不是洪水猛兽，如果父母们懂得如何利用它的话，它会是一种很不错的管教与教学工具。因此，身为父母的你，在关掉电视前，必须好好地思考，如何应用电视来管教及教育孩子。

从容妙招 36

要孩子自立，就让孩子清楚属于自己的范围

在家庭生活中，当所有的事物都有亲子的区别时，孩子比较能够养成自立自主的习惯。

在东方的家庭中，似乎所有的事物都没有亲子的区别，而西方家庭却有很清楚的区分。以用餐为例，东方的母亲通常会为孩子夹菜，或者把孩子吃剩的食物吃完，老一辈的母亲甚至会把食物咀嚼后再喂给孩子吃。这种情形绝对不会出现在西方家庭的餐桌上，因为西方的母亲认为，用餐时间正是管教孩子的最佳时机，所以不会与孩子之间有过于亲密的举动。

在西方家庭里，亲子之间的物品区隔的观念非常清楚，规范也很明确。例如，家庭成员每个人一个餐盘，谁也不会去吃另一个人的食物。

要让孩子了解自己与他人的区别，知道父母和自己是完全不同的存在，最好的方法就是，将孩子与父母的所有物都清楚区别，如此才能及早让孩子学习自立。

可见，用餐时间是培养孩子自立的最有效时机，利用这个时候，要求孩子准备、收拾自己的餐具，并决定自己想吃的菜肴，以及决定如何处理剩菜。

◎要求孩子在范围内使用他的东西，并负责整理

源于意大利的蒙特梭利教育方式，也是训练孩子自立的绝佳教养方法。他们所采用的方式是，以玩具为教材，让孩子在玩完玩具后，必须自己整理干净。因此，在这套教育方式下的孩子，就会依据自己的东西，在自己的职责范围内使用并整理干净。

同理可推，给予孩子属于他们自己的碗筷、牙刷、毛巾、拖鞋等，确实有助孩子提早确立自我。甚至，还可以更进一步的，让孩子的个人物品都写上他们自己的名字，或者是将孩子们的个人财产，都收藏放在他们专属的玩具箱里。这样的管教方式，一般家庭其实都是很容易做到的。

不过，现在的父母们最容易忽略的，其实是父母自己的所有物，这一点父母必须要好好地自我管理。即使孩子们的个人所有物，都有依规则让孩子自行管理，可是，如果让孩子们随便使用父母的所有物，那么这套管理方法的效果就大为减弱了。

因此，父母的卧房、食物、用具、衣服等，都要自己管理，不要让孩子接触到，才能清楚地区分各自的物品，而不会互相使用对方的东西，让孩子从心理上与意识上建立起自立的观念。

从容妙招 **37**

与孩子拉开一点点距离，不要随时回应孩子的呼唤

　　就像听到电话铃响起时，所有人的反射动作都是放下手边的工作，去接听电话。对照到亲子关系上，似乎父母对孩子的呼唤也是如此反应，一听到孩子的呼唤声，便会立刻来到孩子的身边。

　　虽说在幼儿时期，这种情形是无法避免的，但是父母们对于这种对应方式，好像上了瘾似的，成为一种无法摆脱的习惯，不论孩子年纪多大，只要一听到他的呼叫声，再重要的事情也都会被搁到一旁。

　　父母一旦养成这种习惯后，就会变成凡事以孩子为优先，甚至不惜中断工作来回应孩子的需求。然而，亲子之间其实还是各自有不同生活领域，若是能够与孩子拉开一点点距离，会更有利于养成孩子独立的

习惯。

要做到这一点，首先就要确定的是，孩子拥有自己的生活，不要分分秒秒都离不开父母。同时，父母要也有属于自己的生活方式，而且不要随时回应孩子的要求。例如，当父母在自己的工作时间内，对于孩子的呼唤，应该不加以理会，让孩子思考如何打发自己的时间。

◎亲子相处的时间变少时，亲密度会变得更浓厚

有一位作家在回忆他的成长过程时曾经说，从他有记忆以来，他的母亲就在经营服装店，每天都工作到很晚。母亲忙碌的工作形态，令他了解"工作"是一件多么严肃的事。由于母亲严格禁止他们几个兄弟姐妹进入她的工作领域里，因此他们只能自己想办法打发时间。因为母亲的工作关系，使得他们只有到晚上要上床睡觉前，才能拥有一点点与母亲相处的珍贵时间。因此，每晚妈妈读故事书给他们听时，就成了他们一天中最期待也最快乐的时刻。

这位作家的故事充分显示了，虽然亲子相处的时间不多，但亲密度却很浓厚。而由于亲子各拥有自己的时间与空间，使得亲子都会更珍惜相处时间，感情也会更热络。

为了培养孩子的自立心，可以刻意让孩子处于类似这样独处的状况。就像那位作家所说的，虽然被母亲忽略令他感到很痛苦，但了解母亲的辛苦工作形态与工作的严肃性，反而让他能够体谅母亲无法时时刻刻照顾、陪伴他的苦衷。正因为这份体谅，使得他学会自我管理，尽量不造成母亲的负担与麻烦。

　　许多父亲在外面认真打拼了一天后，一回到家里，为了要弥补不能陪伴孩子的遗憾，而成为一个过度的"好爸爸"。只是，这样做往往就无法让孩子理解父亲养家的辛苦。因此，虽然与孩子相处的时间比较短，也依然要和孩子维持一点点距离。即使无法在空间上制造出这样的微小距离，在精神上也应该让孩子感受到这个距离的存在。

从容妙招 38

设立"孩子的专属空间"，
也是保持微小距离的妙方

所谓"孩子的专属空间"，并不是一定得给孩子一间"个人房间"的意思。它也可以是家中任何一个房间，诸如客厅、书房、卧房、阁楼等，规划出来的一个小小的空间，作为孩子的"个人专属区"。在这个专区里，不需要摆放父母"认为比较好"的一些装饰用品，而是摆放孩子个人喜欢的物品，例如篮球、足球、牛奶纸盒、造型奇特的饼干盒或各式杯子等。

对于孩子而言，这个"个人专属空间"所具有的意义，不单单只是一个属于个人的房间而已，它还是一个让孩子安心玩乐、安心学习的空间。因此，在设立这个空间时，必须要让孩子明确地感觉到，它是完全属于自己的。

这个"个人专属空间"的另一个意义是：它是一个可以让孩子尽情发泄情绪的场所。当他感到情绪不好、不方便时，可以暂时逃避的一个安心窝、避风港。在家里，有一个可以让孩子的喜怒哀乐完全释放的专属空间，对于培养孩子早日自立，是不可或缺的重要元素。

◎即使只是以小摆饰做隔间，也会让孩子有独立空间感

年幼的孩子对于空间具有感性知觉，即使是没有门、水泥墙、帘幕隔间的空间，他仍然可以认定那是属于他的空间，因为在他的心里，这个空间有着一道肉眼看不到的门或帘幕。等到他年纪稍长后，只要利用屏风，为他隔出一块比较独立的空间，他就会开始为那个"专属空间"进行设计或装饰，即使父母不为他添购任何用具，他也会发挥创意，动手为那个小小的"领域"增设所需要的用具，例如桌子、椅子等，使它变成一个个人色彩鲜明的空间。

设立"孩子的专属空间"，并不表示必须勉强地给每个孩子一个房间。即使两个或三个孩子同睡一个房间，也可以协助他们利用摆饰或布置的方式，区隔出每个人的独特空间，以培养孩子自立。平时，全家人都可以自由地出入孩子的个人空间或父母的房间，但必要时，又可以封闭这项"自由"，以独享自己的领域。等到孩子的年龄较大，对父母提出想要求拥有较大房间的要求时，再让他如愿以偿就可以了。

孩子因了解空间艺术而想独立拥有一间房间，和父母强迫性地给每

个孩子一个独立房间，两者的意义差距是很大的。至于孩子要求一个独立房间，无疑是想确保完全独立，这也意味着，孩子的自立心又往前更进一步了。

从容妙招 39

学会一特别技巧，孩子就会变得积极且自立

有位出版社的主编，小时候是个对任何事情都不感兴趣、做事毫不积极的孩子。六岁的时候，有一次到伯父家玩，看到大他三岁的堂哥，以非常有趣的方式阅读故事书，而且还邀他一起加入阅读行列。从此之后，他对阅读产生了极大的兴趣与自信，并开始积极地阅读。现在，除了工作上必需的阅读外，他的阅读范围更扩及各个领域。

所有父母都希望自己的孩子，能够拥有积极开拓人生的力量，因此，当孩子的个性较为消极，例如经常生病、只想待在家里、不擅长交朋友等，往往会感到很苦恼，不知该如何管教他才好。其实，这个时候，只要让孩子学会一种特别的技巧，他的自信便会源源不绝地涌出，

并变得和以前判若两人。

有一位学生，中学时期的英语成绩一直很差，在老师一味要求背单词、考单词的教学方式下，他怎么都没办法把英语读好，甚至变得很抗拒这门课程。

就读高一那年，他的英语老师不要求学生背诵，而是以逻辑观念搭配图形来教英语。这位学生忽然发现，原来学习英语是这么简单且快乐的事情。从那之后，英语课成了他最喜欢的课程，英语成绩也突飞猛进，他甚至还广泛阅读学校课程外的英语读物。考大学时，他只填英语科系，不但考上了心中设定的大学，后来还成为一位翻译高手呢！

◎让孩子独立学习，可激发出他的积极性行为

孩子会因为在某方面的好表现，或某一科目的好成绩，而自发、积极地想要追求更上一层楼的表现。这种良好的暗示效果，使得孩子有自信，而愿意尝试发挥其他方面的优点。不论是功课或体育方面，只要擅长其中一种特殊技巧就好。最重要的是，让孩子学习这种技巧时，父母必须下一番功夫。

上述那位主编就是如此。在他对英语开始产生浓厚兴趣后，对于广告或报纸上的文句看不懂时，就会问他妈妈，但妈妈通常会说："一个字一个字分开来，我还看得懂，几个字合起来我就不懂它的意思了。你多找几个人问问吧！"那位主编就会到处去问人，而且还会把问到的答案告诉妈妈。如果当初那位主编的母亲很认真地指导孩子，或者帮孩子找出答案，那么主编是否还会到处找人请教，就不得而知了。

　　这种让孩子自己独立学习的方法，是一种很巧妙的策略，可以激发出孩子的积极性行为。可见，与其强迫孩子去学习某种技巧，倒不如让孩子先对学习产生热情，并在他积极投入时赞美他，给他增加自信。

第·六章

鼓励孩子设定目标，培养他的持续毅力

从容妙招 **40**

增加孩子的心理压力，比赏罚更能令他遵守约定

很多父母都会抱怨，不论定了多少规则，或者和孩子达成多少约定，孩子经常不遵守。这些父母为了让孩子遵守约定，恩威并施、赏罚并用的，威胁或利诱孩子就范，但孩子好似早就看穿了父母的伎俩，即使爽约后还是一副毫不在乎的模样。

导致这种情形的主因是，父母都和孩子进行一对一的约定，也就是母亲或父亲私下与某一孩子的约定。这样的约定对孩子完全不会有心理负担，很容易让孩子有耍赖的机会。他只要投入母亲或父亲的怀抱撒娇，或讨价还价，就可以逃过约定的牵制。

想要让孩子乖乖地遵守约定或规则，父母不需要唠叨地逼迫他，只要在全家人面前和他进行约定，他就会倍感压力，自然地也就乖乖遵守和父母的约定了。

◎事前宣言，使孩子无路可退而不得不做

美国职业棒球史上永垂不朽的全垒打王，被球迷昵称"棒球之神"的贝比鲁斯，有一个著名的"全垒打预告"。传说就是，他会在打击之前，向观众发出宣言，声称这次要打右看台上方的全垒打。果真，他打了全垒打，而且球就飞到右看台上方。

贝比鲁斯这么做的真正目的是，借由"要打出全垒打"这样的宣言，来封闭自己的退路，进而将自己的潜能完全激发出来，也就是"一言既出，驷马难追"的效果。

有位成功的企业家曾经这样说过："为了能在事业上成功，我必须在媒体上或其他企业家面前夸下海口。如此不留退路的决绝手段，才能将自己置之死地而后生，什么都不想地拼命往前冲，才会获得成功。"

"不留退路"式的宣言，是成功者为了达成目标经常使用的手段，目的在于让自己可以激发所有潜能，倾注全力朝着唯一的方向前进。因为，假如他无法做到当初的宣言，他就成为众人眼中的大骗子、吹牛大王，因此，不论如何，他都得言出必行。

在管教孩子时也可采取同样的策略。父母们与其埋怨"孩子不守约定与规则"，不如采取让孩子"自我约束"的方式，让他在众多家人面前宣布与父母的约定。当全家人都成了这项约定的见证者时，孩子就会因为庞大的压力而催促自己信守诺言，努力达成目标。

从容妙招 **41**

孩子一旦违反约定，即使小过小错也要处罚

　　有一位囊括世界无数奖杯的网球好手，回想他七岁大、刚开始接受训练时，教练对他一再叮嘱、提醒的事情，并不是要如何打败对手，而是必须要遵守约定时间。因为，对一个运动员而言，不要说是比赛时间了，甚至连练球时间，都不能迟到一秒钟。虽然只是练习，不论任何理由，只要迟到一秒，教练就取消当天的练习行程，若迟到累计超过三次，就会被教练开除练习资格。

　　这位教练训练选手时赏罚分明，而这位选手的父母则完全配合与支持教练的做法，因为对球员而言，他们必须学习的最重要技术，不是球技，而是守时。

不论是教练或这位选手的父母，都有一个共识，就是孩子必须从幼年时期便开始学习自立，因此，不管多么微不足道的事情，都要让孩子切实遵守，这是培养孩子自立精神不可或缺的元素。

◎不会轻忽小约定的孩子，必能遵守重要约定

有位经常在报纸专栏上发表女性主义评论的男性，在年幼的时候，有过一段与父亲的约定故事。他说他和父亲有一个约定，就是每个星期一中午十二点，在离家里不远的一家餐厅一起共进午餐，而且他的父亲言明在先，只等五分钟，也就是说，十二点五分一过，若是没有看到儿子，他就离开餐厅。

虽然家里距离餐厅并不远，但对幼小的他来说，那仍是一段遥远的路程，徒步走到那里其实十分劳累，又因为害怕迟到，所以每次都是跑着去的。只要他提早或准时到，父亲就会给他肯定与赞美。有一次，遇到了下雨天，在雨中没办法像平时跑那么快，当他快要跑到餐厅门口时，正好看到父亲的身影渐渐远去。他忍不住站在雨中放声大哭了起来。

也许很多父母会觉得，这样的管教方式过于严苛，只是一个小小的约定，而且又不是什么重大的事情，没有必要如此残忍的对待一个年幼的孩子。但事实上，这位父亲的目的是，借由这小小的约定，来培养孩子自我管理的能力。为了达到这个目的，不管是多么小的约定，这位父亲都以严肃且赏罚分明的态度看待。

我相信，一般父母对于小小的、不重要的约定，大多不太重视，只

在乎重要的、大的约定。对于孩子的小过小错，可以睁一眼、闭一眼；但当孩子不遵守大的、重要的约定时，就会暴怒、谩骂。

其实，培养孩子的自我约束能力，就必须从小小的约定开始累积。当孩子能够遵守不重要的约定时，他便能客观地审视自己，并且能够自我要求。因此，当孩子不遵守小约定时，一定要严正地指责。

从容妙招 42

让孩子每日重复某项活动，可培养持续力

孩子缺乏集中力与持续力，除了因为年纪幼小之外，一般人普遍认为，最大的祸首就是电视广告。电视广告为了抓住收视观众的注意力，广告的时间通常非常短暂，甚至只有短短十几秒，镜头转换非常快速，而且半个小时或一个小时内，广告会不断重复出现好几次，好让商品的形象可以深深印在观众的脑海中。

对成人观众来说，也许他们会产生不安的情绪；但对年幼的孩子而言，由于出生之后便开始受到电视广告快速转换频率的洗脑，对于持续长久时间的事情，他们反而感到厌烦、没有耐心。

根据报告指出，有越来越多的孩子出现上课时心神无法安定、读书时注意力不集中的现象。甚至，到了他们进入高年级时，心神不安定的状况依然明显存在。

其实，在孩子年幼时期，父母不需过于担心他欠缺持续力与注意力的问题，因为年幼孩子的专注时间本来就很短暂，可能只有几分钟而已；再加上他急于探索这个世界，对生活周遭的所有事物都充满了兴趣与好奇心。但不管他多么有兴趣或好奇，可能不到十分钟的时间，他便感到厌烦了。

◎持之以恒地做一件简单工作，孩子会慢慢磨出耐心

为了孩子未来的前途着想，父母都很自然地会努力培养孩子的耐心及毅力。只是，在现今一般的孩子大多缺乏持续的耐力，父母们应该怎么做呢？

其实，不管父母们采取哪一种方法，都应该要做到一个重点，就是设定出每天都必须做的事情，让它成为孩子每天得做而且必须完成的工作。

例如，学龄前的孩子，可以请他每天早上拿报纸、摆餐具、饭后擦椅子；上学之后，可以要求他每天饭后帮忙收拾并清洗碗盘等。这些都是不会对孩子造成太大负担的活动，不过，最重要的是，每天都要孩子切实执行。

但是，在要求孩子执行这些事情之前，必须先和他沟通好，征得他的同意才行。日后除了身体状况不佳外，每天都必须督促孩子完成这些活动，尤其当孩子懒散时，更要强迫他去完成。

　　当然，突然要孩子长期地持续做一件事情，恐怕有点困难。这时，父母可以先设定一个短期间，例如让孩子持续做某件事情一个星期或一个月。如果孩子有毅力地天天执行，就用赞美的方式，延续他的持续力，并更进一步激发出他的热情，让他产生强烈的意愿。

　　有位著名的两性作家，写了非常多的畅销书。当记者问她如何写出这么多畅销作品时，她表示，不论工作有多么忙碌，她每天一定要求自己坐在书桌前写三千字。当然，她也会有毫无灵感或没有兴趣的时候，不过，通常过了十分钟后，先前那些情绪就会慢慢消失，自然就会拿起笔来，顺畅地写下去。这样的持之以恒，给予了她相当大的自信。

从容妙招 43

交代孩子做事，有时要下指令有时要放任

　　有位专家曾对"领导风格"做过一番研究。他把领导者的风格分成两种类型，分别为"专制""民主"，研究在这两种不同领导风格下，两个团体的效率会出现什么样的差别。

　　研究发现，"专制型"领导风格下的团体，其成员很容易丧失做事的意愿。简单地说就是，专制型的领导者，会清楚地指示做事情的方法，但并没有告诉成员最终的目标。他只是想站在领导者的高度，带领团体完成工作。在这种领导风格下，团体成员会因为只能听从领导，无法自我表现，而感到不满。

　　"民主型"领导风格下的团体成员，表现与"专制型"正好相反。

"民主型"领导者会明确地表示最终目标，至于每位成员所应分担的责任与职务，则由成员各自去判断、决定。所以，每位成员的态度都十分积极，活动也相当协调，工作效率自然也比"专制"高出许多。

许多父母在管教孩子时，都存在着一种想法，认为除了管教孩子的情绪和意志外，还需要对他展现某种程度的强制力。的确，例如教孩子要懂得问候他人或餐桌礼仪等礼节，不管他喜不喜欢，都要严格地要求，甚至强迫他学习。

孩子上幼儿园之后，社交范围渐渐打开，自我意识渐渐萌芽，父母要求他做的事，孩子若是无法理解或认同的话，大多数的孩子都不会乐意顺从的，而这也正是导致和孩子朝夕相处的母亲们，变得很爱唠叨的原因。她们会不停地叮咛孩子"要这样做""要那样做"。

◎要求孩子做事时，
　先问问"你觉得该怎么做比较好？"

每一个人在做事情时，都不喜欢被巨细靡遗地指示"要怎么做"，因为这会令他产生一种"被强迫"的感觉，或者，换个角度说，是一种被对方认定"自己毫无能力"的感觉。

每个人做事情时，都有自己的方式、节奏和逻辑，小孩子也是如此。

父母指示的方式，孩子做起来不见得会比较顺手或有效率。只要愿意自己动脑筋去思考，并且能够尽最大的努力，就算是年幼的孩子也能完成工作。

　　交代孩子做事情时，别急着下指令或告诉他方法，而要先问问他"你觉得这件事情该怎么做比较好？"让孩子自己去思考执行的方法。也许，完成后的结果，就你的眼光来看不是很满意，但至少你给了孩子机会，让他可以发挥自发性处理事情的能力。这才是帮助孩子获得自立的最好方式。

从容妙招 44

采取"分割目标"法，可使孩子毅力更持久

有一位小学低年级老师感叹地说，她班上小朋友的学习力真令人感到忧心。她指出，孩子们学习任何功课或技艺都无法持久，不能贯彻到底。例如，中午吃完营养午餐后，她都会一一检查，结果发现孩子们的碗里总会留些食物，有的是满碗的饭粒，有的是一块青花菜或一个咬了一半的小点心。又例如，他们在写功课或学习技艺时，也会在做到一半时突然分心。

年幼的孩子做情事无法持久，这其实是很常见的现象。就像一个被要求练习钢琴的孩子，一开始会专注且热情地弹着琴键，不过，十几二十分钟后，他的心思开始到处乱飞了，手指头也渐渐地慢了下来，最

后甚至双手停在琴键上，心思不知飞到哪儿去了。

大部分孩子都像这个练习钢琴的孩子，无法依靠自己的力量贯彻始终。当父母遇到这种没有持续力的孩子时，他们通常会采取激励式管教方法，对孩子说："加油啊！"或"没有做完怎么可以呢？"

这个方法当然是没有效的。这个时候孩子需要的是父母的督促，而非鼓励。如果这时候父母也感到厌烦，不再督促孩子持续下去，孩子就会半途而废，而父母最后只好说："我的孩子实在太没出息了。"

◎分段征服几个小目标后，孩子会产生"再努力一点"的毅力

擅长跑全程马拉松的人，并不是一开始就能跑完全程马拉松。他们通常会采取"分段征服"的方式，来持续跑步的毅力与热情。他们会从五公里的赛程开始，接着再参加半程比赛。当他们可以轻松地应付半程比赛时，自然有信心与热情去参加难度较高的全程马拉松比赛。

想要改变孩子缺乏持续力的方法，也是如此。父母不妨采取"分割目标"的方法。也就是说，不要要求孩子一次就达到你要求的目的，而要把"大目标"分割成几个"小目标"，让孩子可以在较短的时间内达成，如此才能激起他挑战下一个小目标的企图心，而当他一步步接近大目标时，热情就会更高。

例如，当孩子必须练习十首曲子时，可以让他每练两首，就休息几分钟；当他做功课时，不要不停地提醒他"要认真念书"，而要说"把国语作业写完后，先休息十分钟吧"。

　　像这样，只要孩子稍微努力就能达成目标，那么他的心里就会产生"我要再努力一点"的毅力，每达成一个小目标，都会为他累积更大的喜悦、满足与成就感，成为驱动他追求下一个小目标的力量。

　　不要一开始就给孩子订下太高太大的目标，这样只会摧毁孩子脆弱的信心；要以"小目标"来持续培养孩子的毅力，慢慢累积自信，增强持续力。

从容妙招 45

让孩子以自己的语言设定计划，才能有效达成目标

　　"行动"就像外出旅游。甲先生什么都不管，抓起背包就搭车到南部旅游。由于事前没有规划，他浪费许多时间做了多余的事，也走了不少冤枉路，才到达目的地，而且对当地的景致也只是走马看花；而乙先生在出发前搜集了详细资料，并设计好行程。和甲先生相比较，他没有多浪费时间和金钱，而且到了目的地后，没有遗漏任何一个值得一看的景致。

　　想要使行动更积极，就要设定明确的目标，借此强化企图心，更坚定完成工作的毅力。这就是心理学上所谓的"目标指向"，也就是先设定目标，然后再采取行动的意思。

想要培养孩子的自主性，父母必须要反复地给他明确的目标及指示。问题就在于，目标该设定在怎么样的程度，才能让孩子"虽有困难但有能力完成"，而不会因过于困难而感到挫折或放弃？

◎父母设计进度表，让孩子用自己的方法去完成

其实，关键就在于孩子本身。对于父母所设定的目标，如果可以让他按照自己的节奏安排完成的进度，相信他便可以有毅力地把事情完成。

方法之一，就是为目标拟定进度执行方法，而且不要用传统的规格化时间表来进行，而要让孩子使用自己的方法去做时间表。

例如，设定暑假生活计划时，时间表的设定最好不要与学校所发的练习簿相同，举凡格式、项目、用词等，都要尽量避免使用大人所规划的格式与语气，诸如"起床""休息""帮忙家事""游戏"等等，这种千篇一律的计划表，好像是为了要应付父母或老师检查用的，只会让孩子感觉好像在上学，根本无法引发他去执行的兴趣。

计划表的格式应该要具有个人特色，所以最好由孩子自己设计与填写。如此，里面才不会清一色的都是印刷字体。你甚至可以留下空白页让孩子自己彩绘，同时允许孩子在填写语句时，尽量发挥他平常所使用的语句，才能使计划或目标更具体且符合现实生活。

韧性，让孩子有勇气挑战困难

第七章

从容妙招 46

游戏时也要彻底打败孩子，不让孩子养成耍赖习性

　　有一位父亲为了让孩子专注学习，便在教导孩子读唐诗时，以十元为赌注，和孩子玩唐诗接龙游戏。他随便翻开一张唐诗的字卡，看谁先接下一句，谁就可以赢得十元。

　　一场比赛下来，看着自己的零用钱几乎被爸爸赢走了近一半，孩子难过得差点哭出来。于是，他发奋图强，努力地背诵唐诗，慢慢地，他偶尔也能从爸爸的手中赢得赌注。而这位父亲也趁机让孩子明白，社会上的竞争要比这样的游戏严酷好几倍，但是，就算失败了，我们也要有勇气再爬起来。

　　父亲这样的教养方法也许过于严苛了一些，但却是非常实际又有效。即使亲如家人，也要收起"不忍"的心情，务实地让孩子知道现实的残酷。如此，当孩子日后遇到更严苛的试炼时，必能有接受挑战的勇气，而不逃避。

◎和孩子比赛时，不要因为"只是游戏"而让步

许多孩子参与游戏比赛时，诸如玩牌或下棋，若是输了，就要赖、不认账，或者哭闹、翻脸，不愿服输。所以，和他们玩游戏的大人，往往为了顾及孩子的情绪或脾气，而故意让步。他们认为，反正只是游戏，又不是什么大不了的事情，只要孩子高兴就好。

虽然在大人的眼里，游戏比赛只不过是人生的一小部分而已；但对年幼的孩子而言，它却占有非常重要的人生地位。因为，游戏比赛对孩子的性格与价值观，具有极深远的影响力。

这些在游戏中经常获胜的孩子，也许会真以为自己是因为技艺高超而获胜，但其实大多数的孩子都能感觉到是大人故意让步的。于是，每当他知道自己无法打败对方时，就会期待大人能再次让他，甚至于理所当然地认为他们就应该要故意输给他，导致他养成自私的性格，要求周围的人都要为他牺牲。

习惯要别人让步的孩子，在踏入社会后，若遇了到困难、挫折，会因为别人的不愿意退让，而感到愤愤难平或怀恨在心，同时也因为怀念家庭游戏时的舒服气氛，便很自然地想躲回家里。他会强烈地依赖他人，丧失挑战困难的勇气。如果不能隐藏在一个他觉得舒适的场所，恐怕会难以生存下去。

　　如果你不想让自己的孩子长大后变成这种以自我为中心的自私性格的人，那么现在和他玩游戏比赛时，就必须抛开"反正只是游戏"的想法，实际地遵守游戏规则，拿出比赛的态度，展现你的实力，毫不客气地彻底作战，如果孩子的实力过弱，就彻底地把他打败。

从容妙招47

即使是异想天开，还是要尊重孩子想 "做做看" 的心

　　有位企业家在与新进员工对谈时，总是鼓励他们 "不要害怕做事失败，而要害怕你什么事都不做"。他深知一般企业都很难做到授权，因此年轻的员工很难培养起来，而年轻员工也难有出头的机会。所以，在他的公司里，他十分积极地将工作授权给年轻人，而且一旦授权后，就不会在旁边插嘴、指挥，只会积极地鼓励他们努力、放心地去做。

　　他的态度无形中奖励了那些没有把事情做好的员工。他们从失败的经验中学习、修正，后来那些员工都成了公司的经营支柱。

　　在一般企业里，新进员工的想法或做事情的方法，之所以很难获得共鸣的原因，是他们的想法往往会流于批评他人。正因如此，使得经验

丰富的主管认为，新进员工的意见不足以采纳。但是，这个时候，如果上司完全否决年轻员工合力思考出来的意见，僵硬地将自己的意见套到新进员工身上，那么一场"员工脑力激荡"会，就会变成一场"上司意见"聆听会。

因此，为了让没有经验的年轻人的"脑力激荡"得到成功，不管他们想出来的意见、答案或方法，有多么的异想天开，或是多么的不切实际、不可能实现，主管都不应该予以否定或批判，否则员工会有"不论我们多么努力想方法，上司永远都不认同"的心态，最后不再动脑筋，只能提出贫乏的构想，以致怎么都无法达到理想的成果。

◎宁愿孩子去尝试失败，也不要他什么事情都不做

上述那位企业家管理新进员工的方法，其实正是父母管教孩子的最佳学习方针。

年幼的孩子经常会要求想去做某些事情。以父母的眼光来看，孩子的那些想法根本就是不经大脑思考，简直就是异想天开的想法。这个时候，父母若是对于孩子的要求嗤之以鼻，并阻止他们去做的话，久而久之，孩子将停止思考。结果，你将教出一个永远只会等待父母或上司的指令做事，缺乏开拓精神的孩子。

因此，为了培养或发展孩子无止境的才华，当他们自己提出要做什么事情时，即使你明明知道他们想做的事情会失败或有某种程度的危险，也要让他们自己去体验那个过程，让他们从中获得极宝贵的教训。

其实，父母应该害怕的，并不是孩子会遭遇失败，而是孩子变成

没有任何意愿去尝试、去冒险，只是消极、被动且依赖地等待别人的指示。所以，当孩子自动提出想要做某些不切实际的事情时，父母不但不应该扼杀这些机会，而且要顺势培养他们的积极性。父母可以在孩子失败后，给他们安慰，给他们正确的引导，然后鼓励他们继续尝试想要做的事。

父母总是喜欢当"预防跌倒的拐杖"，预想孩子会失败，而阻挡他们想尝试的心。最后，孩子变成一个没有拐杖就不能走路的人。其实，不论是小孩或大人，拥有向困难挑战的积极意志都是非常重要的。因此，父母不要将自己的思考模式硬套在孩子的身上，而是要很认真地聆听孩子的主张，放手让孩子去尝试、学习与成长。

从容妙招 48

孩子犯同样错误时，命令他重做，可培养责任感

不少父母在要求孩子帮忙做家事或做功课时，会发现他们总是重复地犯同样的错误，于是忍不住抱怨道："这个孩子做事情粗心大意，同样的错误一犯再犯，老是改不过来！"

只是，这真的是孩子缺乏能力吗？还是父母指导孩子的方法不正确呢？看到孩子出现这种问题时，妈妈们都会深感焦虑不安，但是采用"怎么老是改不过来！"这种过度训诫的管教方法，只会造成连续失败的恶性循环，对于解决问题毫无助益。

有位名人提到幼年时他母亲对他的管教方式，他说："我小时候因为家中经济条件很不好，必须帮忙做很多家事。母亲经常要我到商店帮忙买东西，每次我买错东西时，母亲都没有对我发脾气，而是要我第二天再去买一次。我因为害怕再买错或忘记，都会把它写在小纸条上，然后再出门去买。我的母亲虽然不是心理学家，也没有受过高等教育，但却能看懂人类微妙的心理，并依据对方的心理与其互动。"

◎ 不说方法，只要求重做，可让孩子反省犯错的原因

其实，不论是大人或小孩，当他们用心做事但却做错时，都不希望被人指责，一旦被指责了，还会对指责的人产生抗拒，并因此丧失自我反省的能力。但是如果对方像那位名人的母亲一样，不但没有指责，还指示再做一次，那么不管年纪大小，做错事情的人都会反省自己犯错的原因，并想办法提醒自己不要再犯。

就像那位名人年幼的时候，当母亲交代他再去买同一件物品时，他就想到要先把物品名称写在小纸条上提醒自己，然后才出门。他之所以能有这种自发性的行为，是因为懂得反省自己的失败。

如果这位名人的母亲，每次交代孩子去买东西时，都要求他先写下来。那么，他是否还能如此积极地自我反省呢？答案不得而知。也许结果正好相反呢！

当有人跟在我们的身边，一次又一次地重复交代"那事要怎么做，这事要怎么做"，我们通常会抱持顺从的态度，不会想要费神地用脑筋去想如何做事。但是，如此一来，我们很快就会把那些唠叨与叮咛抛到脑后，下一次，又犯下同样的错。

所以，孩子一旦做错了，不要喋喋不休地说这说那的，只要命令他再重新做一次，就可以让他积极地反省自我。孩子将会因为重新检讨、思考，而培养出责任感。

从容妙招 49

让孩子独自外宿，可磨炼他对环境的适应力

　　让年幼的孩子短暂离开家庭的正常生活，可以让他们体验到有别于一家人住一起时的安定舒适感。这个方法不但可以让孩子增加生活层面的阅历，也能磨炼出他们适应环境的能力。

　　有位在武术界极具名气的先生，在上中学一年级前的那个暑假，父亲便把他送到山上的佛寺一个星期。那是他生平第一次自己一个人独自离家外宿。

　　他回想起那一个星期，离开父母，独自在外住宿的经验，远比课文里的大道理更具教育效果。

　　"那一个星期让我学会了一件事，就是碰到任何情况都必须要忍

耐。也许我现在没有什么过人之处，但我可以肯定地说，我的耐心绝对胜人一筹。"他说。

他如此形容当时的心情："对于年幼的我来说，自己一个人和几位比丘、比丘尼住在偌大的佛寺里，感觉四面楚歌，心情波涛汹涌的起伏不定。"而正因为这样"四面楚歌"的惶恐处境，反而成了日后他精神生活上的正面养分，让他在面对不同环境时，都能适应自如。

现在，每到暑假期间，许多机构都会举办各式各样的夏令营，这些都是磨炼孩子的适应力与独立性的好机会。通过这些活动，让孩子去认识、了解原本陌生的人，进而互相适应彼此的个性、脾气与生活方式。

◎让孩子处于一种不安定的情境，
　促使他靠自己的能力克服困境

让孩子离家外宿的方法，除了上述的几种外，另一种比较安全的方法是，让孩子和他的好朋友交换住宿，或者让孩子到感情亲密的家庭住宿。

当孩子跟着别人的家庭过生活时，他就得学会凡事忍耐。食物不合自己的口味也必须吃下去，不能和别人抢看自己喜欢的电视节目，得自己梳洗、穿衣服。更重要的是，遇到困难或不想做什么事情时，没有父母亲可以让他依赖、撒娇或耍赖。

当住在别人家里时，理所当然的、习惯的生活形式都变得不一样，这种强烈的不安定感觉，会让孩子陷入有如"四面楚歌"的情境。只有当孩子能靠自己的力量，克服陌生的环境与不安的心灵，才能学会忍耐，也才能客观地审视自己。

在陌生的环境中与人相处，可培养他关怀他人与察言观色的能力，同时能开拓自己的生活领域。相信当他回到自己的家里后，会懂得体谅父母、家人，能够自理自己的生活，生活会变得更充实。

不过，要让孩子独自离家外宿时，父母本身也需要做好心理准备，提起勇气放下心中的不安与焦虑。其实，孩子天生都具有冒险的精神，很乐意去挑战不同的生活方式。有时候，这种"易子而教"的方式，正好可以让父母重新检讨自己的管教方式。

从容妙招 50

对于陌生的工作，只给孩子简单的指示

"父母亲要站在孩子的后面"，这句话的意思是，在教养孩子的时候，父母或领导者不该站在孩子的前方，拉引孩子往自己设定的方向前进；而应该站在孩子的后方，只给孩子简单的指示，然后让孩子以自己的方式往前走，积极地尝试新的生活，体验未知的工作。只有当孩子真的过不了难关时，父母才适时地帮忙解围。

"站在孩子后面"的教养方式，其实就是所谓的"只身冒险教育"。也就是说，从日常生活所发生的事情中，选择孩子从未接触过的事情，让他们自己去尝试、体验。例如跟孩子说："我有好多挂号信要寄，待会儿你可以和我一起到邮局，我去领钱，你帮忙去寄信吧！"

你只给孩子指示"去寄挂号信"，至于寄挂号信的过程及手续等问题，刻意不告诉孩子，而是提示他："不知道怎么做时，可以问柜台里面穿制服的那些人，他们是专门在办理邮寄信件的人，所以你可以放心地问他们！"

像这样给予孩子简单的建议，孩子才有机会积极地去做他完全陌生的事情，并从中累积生活经验，学习生活技巧。

◎ 父母要站在孩子的后面，在必要时伸出援手

让孩子自己去摸索陌生的问题、去做以前不曾做过的事情，是帮助孩子快速增长知识、丰富人生的大好时机。父母若是能够得当地利用这些机会，更能培养孩子持久的耐力，与挑战困难的勇气。

当然，一想到要放手让孩子一个人去冒险，去经历未知的事情，所有的父母都会感到心理不安。担心孩子会因为挫折而退缩、沮丧，于是父母在不知不觉中，都会详细地解说事情的执行方法与过程。但是，既然是要让孩子经验陌生的事情，如此巨细靡遗地告诉孩子所有的方法与过程，就不算是真的新体验了。

因此，对于陌生的、第一次接触的工作，不要告诉孩子太多信息，只需让他们知道"工作的性质"如此简单的信息即可，不必告诉他们详细的工作方法与过程，让他们不得不自己去寻找、发现问题，并找出解决问题的方法。

这个方法一开始会让孩子以为事情很简单，但当开始着手进行时，

就会发现等待他们去解决的困难与麻烦一件接一件地出现，这样的发现会令他们感到惊讶，并深深被震撼，进而产生出向新的事情挑战的勇气。

从容妙招 51

训练孩子基本生活技巧，开拓他的挑战精神

"煮饭""睡觉""整理"是基本生活中的三大重要事情，尤其以"煮饭"和"整理"两件生活基本技巧，越小开始训练越好。

孩子在小学高年级阶段，大约十岁以后，就应该训练他们"一个人也可以看家"的本领。也就是说，当父母忙到无法及时赶回家准备晚餐时，孩子可以帮忙淘米煮饭。

一般而言，现在的家庭里，都是用电锅煮饭，比起早期用灶火煮饭，电锅操作起来相对简单且安全多了，对一个小学高年级的孩子来说，并不困难。

就管教的层面而言，"训练孩子自己煮饭"具有极深远的教育意

义。因为吃饭是生命存活的根本，也是一切活动的源头。因此，"孩子自己能烧饭"就意味着，他不用依赖他人，也不必借助他人的力量，就能向新经验展开挑战。

表面看起来，这样的想法似乎是父母一厢情愿的意愿。但事实上，孩子的心里也的确真的有这样的想法。

◎会煮饭，让孩子受到团体欢迎，也有能力独立生活

会煮饭的孩子在团体中很受欢迎。例如，参与学校举办的露营、野外求生等户外活动，大家一起合力准备丰盛的食物时，孩子们会眼神散发出朝气、活力，气氛充满喜悦感及活泼感，展现出无穷的热情。这与其说是因为煮饭这件事情令他们感到很新鲜，不如说是他们吃自己煮的饭，会强烈刺激到他们的自立倾向。

因此，父母可以利用全家一起出外露营时，让孩子帮忙煮饭；也可以在假日时，事先做好安排，让孩子大展厨艺，以慰劳妈妈每天照顾孩子的辛苦。如此一来，就能让孩子以自己的头脑和手脚，创造出属于他自己的生活自信及智慧。

第八章

好习惯，是孩子一生的幸福通行证

从容妙招 52

遇重要决定时，让孩子依据父母准备的方案做选择

　　要求孩子凡事听从父母的决定，这样的管教方式，无法教出大格局、有高度的孩子。父母应该让孩子依靠自己的意志，选择自己想要做的事，累积自己做事的经验，如此才能培养出不逃避责任，且拥有自主性、积极性的人。

　　几个世纪以前，某位国王逝世后，由其年幼的儿子继承王位，但因王子还没有学习如何当个国王，所以多数的大臣都主张应该由宰相暂代王位。但是，忠心的宰相拒绝了大臣们的提议。他尽心尽力地辅佐新国王，对于重要的、复杂的国事，他都会准备几个解决方案，让新国王做最后的决定。

宰相这一套辅佐小国王的方法，就是所谓的"帝王教育"。他为新国王所准备的解决方案，不论新国王如何选择，都不会是错误的答案，因此得以国泰民安；而宰相同时也借由这样的方式，默默地培养新国王独立自主的能力。

这位宰相的忠诚令人感动，而他辅佐新国王的智慧，不就是父母们管教孩子时最需要的吗？教养孩子应该是从旁"辅佐"，而非在前方"指挥"。

◎ 从旁"辅佐"，更胜于在前方"指挥"

有一所学校也采用的上述那位宰相的"帝王教育法"。学校里的孩子必须设计自己想要学习的课程，然后老师便按照这个课程来上课。学校这种做法的最大目的，是尊重孩子的自发性精神，不因孩子的年纪还小，就抹杀了他们的自由意志。学校的教育前提是，把年幼的孩子视为拥有自立人格的个体，让他们决定自己的行动，并且去实行。

这种养成孩子积极性的教育方式，也可以充分应用到平时的管教上。当然，这并不表示父母要放手让孩子自己决定所有的事情，而必须依据现实的考量与事情的重要性而定。

当然，让孩子参与决定，对孩子而言是种尊重，也是会让孩子感觉很有兴趣的事情。但是，当遇到重要问题时，还是应该让孩子参与决定，但父母必须先设想出几种解决方法，再授权给孩子做最后的选择。

例如，"买车"这种事关家庭经济的重大问题，就不能完全授权孩子做决定。父母可以先选择几种车款，再依据家庭的经济状况，选出几款负担得起的车子，最后再让孩子决定要购买哪一部车。

　　你会发现，其实孩子对小细节的掌握，有时候比大人还清楚。虽然他们还不会开车，但却能有系统地维护车子。这也明显地表示，孩子对于自己所决定的事情，会多么努力且积极地采取行动。

从容妙招 53

青春期之前，父母就要丢掉给孩子的保护壳

孩子的成长就像竹笋一般，从冒出地面的那一刻开始，每脱掉一层外壳后，就会有更大的空间往上长高；管教孩子也是如此，父母每脱掉一层给孩子的保护壳时，孩了就会往自立的方向跨进一大步。管教孩子的最好机会，是青春期之前，也就是幼儿园或小学的阶段。父母一旦错过了这个最佳的时机，只会让孩子在踏入社会后，还无法脱离父母的保护壳。

孩子在上了幼儿园后，生活模式会变得与过去不一样，上了小学后改变更大。早上不能再悠闲自在地赖床睡觉；晚上也不能太晚睡，不然第二天上学可能会迟到。不管孩子喜不喜欢这样的改变，这样的生活都

会成为一种规律的模式，父母只要循着这样的模式，就可以培养孩子去做"不愿意但必须"做到的事情。

但是，如果父母丧失了这个最好的时机，没有好好地管教，一旦孩子进入青春期后，就会因为一直没有办法获得精神上的成长，而再也听不进父母的任何训诫。

◎父母的心态正确，孩子才能养成好习惯

在孩子的眼里，他们会把这个阶段视为发展不一样的自己的机会，所以，会有想向新事情挑战的热情与意愿。

在孩子上了幼儿园与小学后，父母正好利用这个机会，教导孩子养成自立的好习惯。例如，利用这个时候教孩子整理他自己的游戏空间。父母可以这样对孩子说："你已长大了，所以，自己的东西要自己整理，这样才像个大人哦！"等等，指导孩子如何学习管理自己的事情，这些事情还包括换刷牙、梳洗、洗手、穿衣服、穿鞋子、饮食上的礼节等，让自己能生存下去的基本生活技巧。

又例如，上小学后，上下学可能要自己走路回家，正好可以在导护妈妈的协助下，学习如何过斑马线、过红绿灯时的技巧与规矩。

利用幼儿园到小学这段时期来养成孩子生活上的好习惯，很容易被孩子接受。但是，这个时候父母应该扮演从旁"辅佐"的角度，不要当个过度指挥、过度保护的父母。毕竟，想要孩子养成生活上的好习惯，发现健全的心理，那么父母也要具备一致的心态。

从容妙招 54

丰富孩子的团体经验，可训练其涵养和协调性

　　有位评论家曾经在平面媒体上发表过一篇有关"幼儿品格开发"的文章，内容中他回忆到幼年时期，乡下地方举行祭典时，那种共存共荣的画面。而年幼的孩子，又往往是祭典高潮时最不可或缺的主角。这些孩子日后不但也会成为祭典中的重要一分子，他们也从参与祭典而体会到与人、大自然共存共荣的重要观念。

　　在各种大型庆典活动主办单位的营销宣传下，现在的孩子也开始抱着旅游的心情，热情地参与诸如嘉年华一般的大型神明绕境庆典，去品尝不同城市的人文风情，只是，如果把这类活动当作单纯的旅行光观的话，就无法让孩子深入接触到流露于这个社会里的原点——社区人文

真貌。

现代的孩子，极少拥有深入生活底层、真貌的团体经验。他们生活中所接触的团体，就是各式各样的才艺班、夏令营、户外教学、幼儿园、小学，等等。虽然，在幼儿园和小学的教学目标中，也包括团体生活的社会性涵养和协调性，但这些显然都只是人工所营造出来的教育场所，而非真实生活的呈现。当然，在这些人工营造的场所里，孩子依然可以学到不少的团体经验。但是，参与社区生活相关的团体活动，却可以学习到更贴近生活现实的心灵成长——涵养和协调性。

◎融入社区生活与庆典，让孩子不会有孤立感

学校和补习班只是来来往往的、有目的性的场所，但在回家后，若没有其他团体可参与，孩子会觉得不满足，心灵无法获得滋润。而没有与社区联结的家庭，基本上是不稳固的，因为一旦孩子发生了什么问题，却没有社区左邻右舍的互相商量、照顾与协助，孩子的身心都容易陷入孤立感。

社区里，有男、女、老、幼、弱、残、善、恶的邻居，有生、老、病、死的事件，还有一家一户里五花八门的故事，都会丰富每个孩子的生命厚度。在与所有的人们热情地共同生活着的社区里，在这样纵型人际关系中所存在的根深蒂固的生活观念下，所培养出来的孩子，不但绝对不会有孤立感，而且还能深刻体会到人与人之间的紧密联系。

从容妙招 55

养成孩子对访客做自我介绍的习惯，
提升流畅应对能力

　　有一次去欧洲拜访一位好朋友，那次的拜访，我对朋友那个就读小学五年级的儿子留下极深刻的好印象。

　　由于女主人当天晚上必须加班，因此那位小学五年级的男孩便陪他的父亲来饭店接我，一起去用晚餐。

　　令我惊讶的是那位男孩的态度与教养。在我与朋友握手寒暄的时候，男孩一直默默地站在父亲的身边注视着我们，等到我们寒暄结束后，他便很有礼貌地走向前，对我做自我介绍，并关心地问我途旅辛不辛苦，还说他久仰我的大名，因为他的父亲经常和他谈起我，说他很高兴终于见到我的庐山真面目。

用餐期间，每当我的朋友起身去拿食物时，小男孩便立刻找话题与我聊天，使得用餐的气氛不但不冷场，反而更热闹。这位小男孩根本就是位教养好又风度翩翩的小绅士。

这让我想起自己在小学五年级，当家里有访客时，我顶多只会从门后偷看客人，或者看看客人有带什么礼物来而已。两者之间的差距简直是天壤之别，但同时也可以明显的看出来，这一切都是父母良好的教养所培养出来的好习惯与好态度。

若父母没有用心的教养，并让孩子有机会经常参与这样的宴席，那么不管孩子有多么优秀，在面对这种场面时，都无法像那个五年级小男孩那般，态度大方、自若，且能与客人流畅、自然的对应。

◎孩子及早学会与大人应对，才能减少未来适应社会的挫折感

也许，有很多的父母不赞成让孩子在小小年纪就像个小大人，觉得"太早熟的孩子一点都不可爱"，应该让他们维持原有的孩子气，所以不鼓励或强迫孩子去学习大人的处世技巧。

对于这个问题，也许每对父母的看法都不同，但不论如何，不管孩子有多么可爱，那只是人生过程中一个过渡期而已，他们无法永远维持孩子状态，迟早得克服未成熟的心态。失去天真可爱、无拘无束的孩子气，原本就是成长过程不可避免地必须付出的代价。

也许，我们应该换个角度来看我们的亲子关系。是不是我们一直以来，把孩子的任何举动都视为可爱，并认为孩子是弱势且无知的，以致

于产生过度保护和溺爱的现象。再想想，如果我们因为这样的溺爱与保护，而延误了孩子现在的学习机会，那么他们长大后，势必得经历更艰苦的困境，而且要花更多的时间与精力去学习生活智慧，才能适应尔虞我诈的大人世界。果真如此，身为父母的我们就得负起怠慢管教的最大责任。

为了让孩子早日养成得体应对的好习惯，积极地学习大人们的处世方法，父母应该将孩子视为一个成人。当家里有客人来访时，不要让孩子觉得事不关己，也不要让他们躲在自己的房间里做自己的事，而要叫他们大方地问候客人，然后让他们以自己的方式向客人自我介绍，并且在没有影响大人对话的时候，让他们短时间参与大人的宴席。

当然，孩子对于做这些事情会感觉到畏缩、不自在，但这正好可以让他们体验社会的现实，而达到学习的目的。

从容妙招 56

尽量带孩子参加亲友的丧礼，
让他们及早了解"死亡"

"我死了以后，就要住在坟墓里了！"

当听到朋友年幼的孩子天真的这样说时，我忍不住笑了出来。对于"死亡"，我想没有任何一个年幼的孩子有正确的观念。他们认为死亡仿佛是人生的延长，只是从这个家搬到另一个地方居住而已，所以他们不会意识到父母有一天会死亡，以为自己可以永远地依赖父母。

日本有一位地位崇高的作家，为了清楚教导孩子，将来有一天亲人之间会因死亡而分离，便经常将"死亡"挂在嘴边。每次他要外出工作或旅游前，就会清楚地交代孩子："如果我在旅程中出了意外，死了，你们就要互相帮忙，好好地生活下去。"

我有位女性朋友，在她十二岁时父亲便撒手人寰，在那之前，她从未想过自己的父亲会死亡。没想到，在她十六岁时，她最依赖的母亲也因病去世。母亲的死亡令她非常悲伤，她希望这种强烈悲伤不会发生在自己的孩子身上。

可见，想要早点戒掉孩子依赖心的方法，就是让孩子及早了解到死亡的事实。而为了达到这个目的，父母可以考虑带孩子参加亲友的葬礼。

当孩子看到那些很疼爱自己的长辈，突然之间永远地躺在棺材里睡觉时，就会清楚地意识到"死亡"这个现实。"死亡"对他们而言，不再是很抽象或遥远的事情了，因为眼前所看到的这一幕随时都可能发生在自己的身边。也许不久后，他的父母也会死，自己必须一个人孤单地活下去。

◎参加丧礼能帮助孩子体认到生命的可贵

像这种难以克服的心理难关，应该要让孩子早一点学习和适应。让孩子参加丧礼，除了让他们明白一个人存活的轨迹外，更重要的是传达生命的可贵。让他们体认到"死了就一切都结束了"，生命只有一次，所以要把握好活着的时候。

参加丧礼这件事，对孩子也许不是很有明确的意义，但不能忽视的是，它能让孩子思考什么是人生，如此，才能帮助孩子发展生存下去的耐力及责任感。

现代的孩子大多数都被过度受保护，一遇到困难或挫折就退缩或放弃，甚至埋怨父母没有帮他排除困难。对于这样的孩子，带他们参加长辈的丧礼，借此告诉他们"死亡"的意义，也许可以让他们对生活与生命有不同的看法与思考，这是相当重要的管教方式。

从容妙招 57

允许孩子独自活动，养成他独立自主的好习惯

    想要培养孩子独立自主，最直接又有效的办法，就是让他自己一个人出外旅行。

    利用放暑假或寒假的时候，让已经读小学的孩子自己一个人去旅行。当然，父母必须很清楚地告诉他目的地。例如，到外婆家或亲戚家玩，而且要详细地教他如何搭车，以及有谁会到车站去接他。

    如果不放心孩子独自一个人搭车到遥远的乡下，或者觉得这样做过于麻烦且大费周章，那么也可以换个方式，就是把这套方法搬到日常的生活中。例如，当假日全家一起外出到某个地方游玩时，先和孩子约好一小时后集合的地点，然后就让孩子自由活动。

我相信有很多父母亲一听到这些方法，一定会反对说：

"孩子还那么小，怎么有能力自己一个人搭车到亲戚家，一定会迷路的！"

"我怎么可能让孩子离开我的视线！万一一个小时后，他找不到集合地点，该怎么办？"

没错，这正是让孩子独自行动的重点——迷路。

某个电视综艺节目，曾经对迷路的孩子做过研究。他们把几个在动物园里迷路的孩子带到休息室，并通知他们的母亲来认领孩子。他们观察发现，孩子在迷路时的反应，其实与母亲的反应有极大的关系。这种关系可以分为两种类型：有一类的孩子会号啕大哭，而母亲一听到孩子的哭声，便脸色苍白、焦急地冲到孩子身边；另一类型的孩子则完全不在乎自己迷路了，依然和同伴玩得不亦乐乎，而他们的母亲则是态度从容地来接孩子。

◎只要确定孩子身体安全，
　就让孩子自己想办法解决难题

上述两种类型孩子的反应差异，正好对照出平常生活里的母子关系。

号啕大哭的孩子，可能平常生活中只要稍微受伤或跌倒，就会放声大哭，因为他们认为，不管发生什么事情，父母都会理所当然地来解围；而他们的父母也认为孩子的年纪还小，应该要得到无微不至地照顾与保护。

　　而不在乎自己迷路的孩子，则可能认为自己有能力或可以做得到的事情，就算没有父母的帮助、解围，他们也能够自己想出解决的办法来；而他们的父母则可能不太在乎孩子是否遭遇挫折，或者刻意要给孩子机会学习解决问题，因此只在一旁监督孩子的身体安全而已。

　　可见，即使是被宠坏的孩子，他们的内心里也都有强烈想要克服柔弱个性的愿望。因此，父母不该让自己过度保护的心态，摧毁了孩子心中想要追求独立自主的小绿芽，而应该趁势把这小绿芽栽培成茁壮的大树，这才是父母该有的正确管教态度。

现在的我，宁愿慢下来，

和宝贝一起欣赏这个世界的美丽。

爱立方
Love cubic

育儿智慧分享者